JN189147

近代チベット史叢書10

西蔵文化の新研究

青木文教――著
日高彪――校訂

慧文社

改訂版刊行にあたって

一、本書は一九四〇年十二月に発行された青木文教著『西蔵文化の新研究』（有光社）を底本として、編集・改訂を加えたものである。

一、原本における明らかな誤植、不統一等は、これを改めた。

一、原本の趣を極力尊重しながらも、現代の読者の便を図って以下の原則に従って現代通行のものに改めた。

i 「旧字・旧仮名」は原則として「新字・新仮名」に改めた。

（例…「佛教傳説→仏教伝説」「あつた→あった」「會ふ→会う」等）

ii 踊り字は「々」のみを使用し、他のものは使用しない表記に改めた。

iii 送り仮名や句読点は、読みやすさを考えて適宜取捨した。

iv 難読と思われる語句や、副詞・接続詞等の漢字表記は、ふりがなを付すか、一部かな表記に改めた。

v 外来語など一部の語句を、現代の一般的な表記に改めた。また、チベット語等の漢字音写は原則としてカタカナ表記に改め、初出のみ漢字を（ ）で併記した。

vi 本文中に新たに註を補い、ゴシック体で（註・×××）のように記した。

一、これらの作業を、校訂者・日高彪が責任をもって行った。

日高《ひだか》彪《たけし》

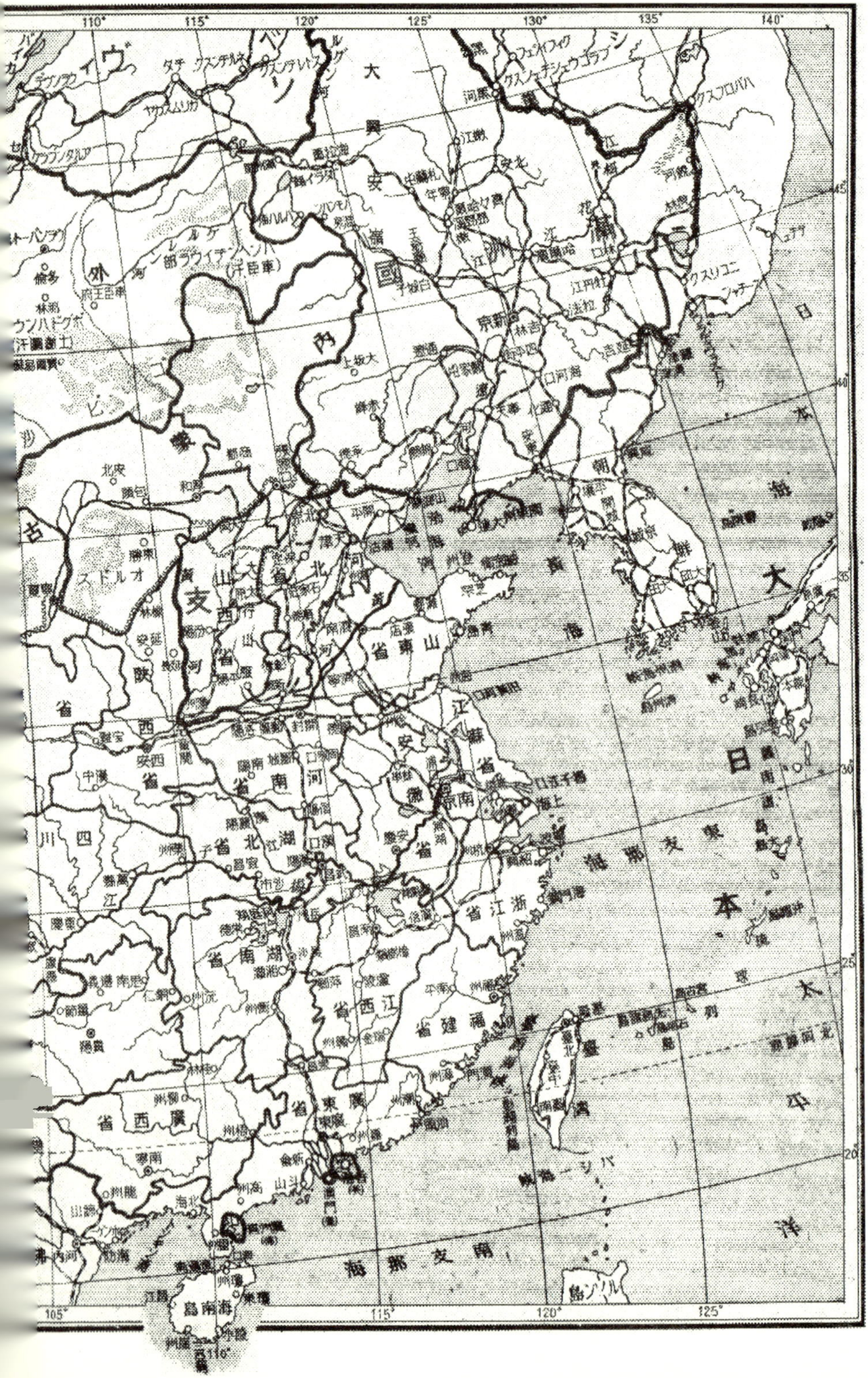

110°
115°
120°
125°
130°
135°
140°
45°
40°
35°
30°
25°
20°
105°
110°
115°
120°
125°

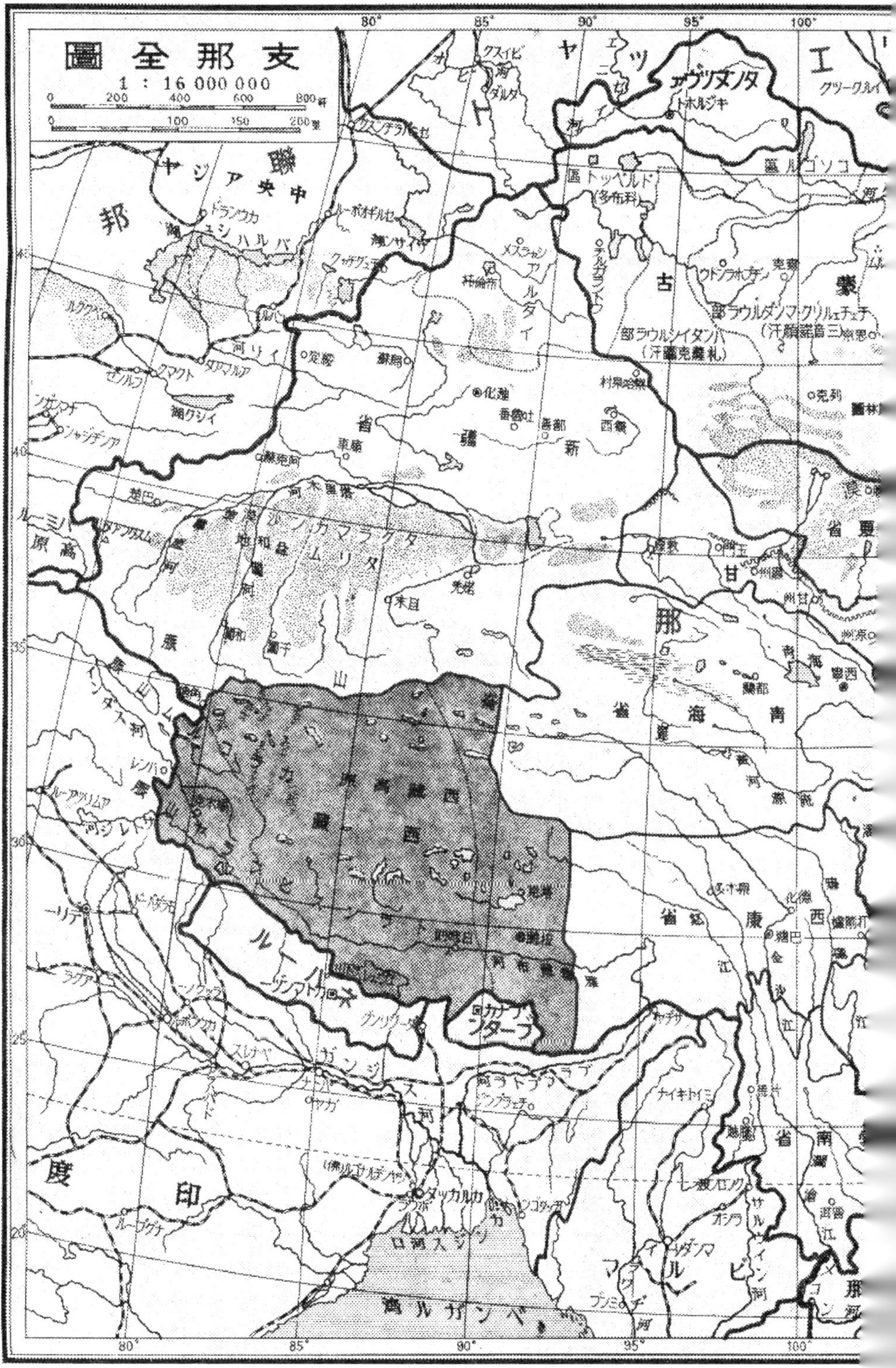

支那全圖
1 : 16 000 000
0 200 400 600 800
0 100 150 200
中央アジア聯邦
新疆省
タクラマカン沙漠
タリム盆地
西藏
青海省
西康省
甘粛省
蒙古
印度
ガンジス河
ベンガル灣
ビルマ
雲南省

ダライ・ラマ法王第十三世　補遺第一項〔一〕参照

ダライラマ法王宮城「ポタラ」 第九章〔二〕〔八〕及び第十章〔五〕参照

最古の寺院トゥルナンツㇰラㇰカン（ラッサチョカン） 第九章〔二〕参照

ガンデン寺院　第九章〔七〕参照　（新教開祖ツォンカパの建立）

ラッサ市街　第十章〔五〕参照（別図宮殿寺院等建築様式に注意）

官吏の服装　第十章〔四〕参照　（筒袖の着物・羽織・帯に注意）

貴族青年の肖像　第四章〔三〕参照　(端麗なる容貌に注意)

上流階級婦人の盛装　第十章〔四〕参照　（衣服及び装飾に注意）

家屋上に幟と注連を飾る光景（ラッサ）　第八章〔六〕参照

霊場に幟と注連を飾る光景（ダージリン）　第八章〔六〕参照

序

西蔵《チベット》を以て特異の禁断国となし、今なお世界の新文化に恵まれない未知境と言うことは、何人も異論なきところであるが、我が国で世人の一部が想像するように、慓悍《ひょうかん》な蛮族の群がる巣窟であるとか、魔法を弄する怪僧の跳梁する秘境であるなどと見るは、誤れる観念の甚だしきものと言わねばならぬ。

由来我が国は、専門の学術界においてすら、西蔵学を軽視する傾向が著しく、その研究資料の如きも、ほとんど支那と欧西の所伝とに過偏し、西蔵固有の文献や実情を度外するが常である。尤《もっと》もその理由としては言語修習の不便と、現地調査の困難と、財政関係の問題などが指摘されてはいるが、実際はそれよりもむしろ旧来の方法を以て足ると信ずる保守的または退嬰《たいえい》的観念のしからしむる所で、畢竟《ひっきょう》西蔵認識の欠如を物語る以外のものでないと思う。大体西蔵研究の如き新分野の開拓には、多少の障害や危険は当然のつきものである。須《すべか》らく万難を排し、直接資料の研究に奮進し、前人未得の成果を期し、以て東洋学者のために万丈の気焔を吐くべきでなかろうか。

今や東亜の情勢は刻々変転して窮《きわま》るところがない。我が国民にして西蔵問題に目を掩《おお》うの非を悟る時機も遠くはないであろう。我が日本帝国は既に東洋の盟主を宣し、永恒の和平と、民族の福祉を誓い大陸の同胞に呼びかくるに、五族協和の要を以てしたのである。

そもそも我が国と西蔵との関係は、世人の想像するが如く隔絶無縁のものでない。古来人文の種々相において、明らかに一脈相通ずるものあることは、本記にもしばしば指示するところである。善隣満蒙の文化の如きもまた、西蔵に淵源するところ少なからざるを知るならば、吾人はまさに興亜大理想の下に、今一度西蔵の真貌を見直す必要がないであろうか。

筆者ここに感ずるところあり、浅学非才を顧みず、駐蔵当時些《いささ》か学び得たる所に基づいて小記を稿し、特異の国西蔵に対する概念の明瞭化を期せんとするものである。名づけて「西蔵文化の新研究」とするも、実は単にその方向のみを示唆する程度のものに過ぎない。推度の正鵠《せいこく》はもとより望み難い。博雅の叱正を得ば幸いである。

皇紀二千六百、昭和十五年七月七日聖戦三周年記念日

著者識す

西蔵文化の新研究　目次

補遺

図版目次

第一章　緒　論

〔一〕

今日の学術界において、最も立ち遅れている研究の一つは、恐らく西蔵学であろう。これには種々の理由があるであろうが、その根本的原因とも云うべきものは、西蔵が依然として厳重な封鎖状態に置かれ、僅かに特殊関係の入国権が例外的に認められてあるとはいえ、事実上では何人も自由に出入することを許されないのである。近世における各種の西蔵探検と称せられるものは、ほとんど凡《すべ》てが局地的または単なる通過的の秘密入国であり、公然となされたものは、一九〇三、四年の英蔵事変に際して、軍事行動とともに試みられた一事あるのみと言ってよい。いずれにもせよそれら探検の効果においては相当目覚しいものがあったことは否めないが、これを未知の部分に比すれば、恐らくその一パーセントにも及ばないであろう。

しかしながら西蔵学にも、自然科学と人文学との両方面があって、自ずから研究の分野を異にするから、必ずしも現状を以て絶望視するには及ばない。何となれば自然科学の如く、現地踏査に重心を置くものは、当分達成の見込みはなくとも、人文学に関する限りでは、種々の方法手段を廻《めぐ》らすことによって、開発を進める可能性が存するからである。そのうちで最も容易なものは、第一には既に吾人の手近に現存せる、文献その他の資料を以てする考察法であり、第二には西蔵国外搬出の可能性ある、上記の如き物件を以てすることである。尤《もっと》もこれによって人文学問題の全部が解決するという意味でなく、いわばその約半が貫徹され得ると思うのである。例えば文献についていえば、古来支那所伝のものが整備せる上に、近世的のものでは欧西人の記録も相当の数量にのぼり、且《か》つ最も肝要とせられる西蔵固有のものも、夙《つと》に吾人の目前に提示されたものが少なくない。また、搬出の可能性ある物件とは、蔵外未出の文献を始めとし、その他実物的研究資料として必要なる器具類とか、当国人そのものなどで、これらは勿論十全を期し得ないまでも、ある程度の要望が満されるであろう。こうした事情から、現下の西蔵研究は、止むなく人文学的方面に偏せざるを得ないのである。

筆者の如きはもとより学究的諸問題を云為《うんい》する資格を有するものでないが、曾《かつ》て実際に現地において、公然と自由に、観察研究を行い得たことから、たといその収獲は云うに足らないものであったとしても、そのあるものは他に見られない所の、ある種の核心的な素質が含まれているとの自信を懐くが故に、ここに臆面もなく本記を書き綴った次第である。従ってその直接資料として採用したところは、もとより西蔵固有の各種文献と、筆者自身の観察事項とを基礎としたものであるが、なお参考資料として西蔵以外のもの、即ち支邦及び欧西などの記録をも引用した所がないではない。後者に関しては岩井大慧氏の「西蔵研究」に若干負う所があることを附記する。

〔三〕

次に本書における西蔵原語の記法について、予《あらかじ》め述べておかねばならぬことがある。第十一章「言語の特性」で詳述する如く、正則なる文語と、日常の口語とは、その発音を著しく異にするもので、自ずから一定の差別が附けられてあるが、従来欧西人にしても我国人にしても、その区別法の原則を弁えず、猥《みだ》りに口文両語の混用を行い、むしろそれを以て西蔵語本来の慣用法なりと誤信するものが多い。勿論原語の正しき音写法としては、文語音を以てするの一法あるのみであるが、本書の如き記事の性質上、適当に書き表す場合には、文口両語の連繋を明らかに示すために、是非とも両語音の併記法をとらねばならない。

ところが口語音には元来一定の基準がなく、地方によって区々であり、いずれを以て妥当となすべきかを知らない。故に今はその当否を問題とせず、実際に内外の公式用語として一般に用いられている所の、ラッサ語を以て仮に標準語と看做《みな》すであろう。こうした事情から本書に採用せる原語の併記法は、即ちその正しき文語音と、ラッサの口語音との連記によったもので、初めに片仮名を以て口語音を掲げ、次にローマ字を以て文語音を記す。例えば彼の仏教王の名を記す場合には「ソンツェンガムポ Srong-btsan-sgam-po」とするが如きものである。その口語音はかなり訛《なま》りの甚だしいものであるが、中央語または標準語としてよく内外に通ずるものであり、またローマ字は、それを元の字に戻せば、そのまま直に原語に復する。然るにこれを在来の慣例によって記するときは、「スロンツァンガムポ Srong-tsan-gam-po」となり、口語音においては、ラッサ音に比し、一層原音に近いが標準音としては少しく的を外れ、ローマ字の方は必要な文字が欠けているから直に原語に逆戻らない。この点が在来法の欠陥であることを感じたため特に本記の如き併用法によったわけである。なお片仮名やローマ字に、各種の符号をつけた理由は補遺第十項の「西蔵文字」に述べてある。

第二章　国名の解説

〔一〕

西蔵の国名には、固有の本名以外に、自称と他称とによる種々の呼称法があって、その用い方も自ずから相異なることは、あたかも我が国名の場合におけるが如きもので、支那のように、統治者の代わる毎に、別の国号を称えるものとは趣を異にする。もとより支那人が、西蔵に名づけた呼称は、その時代によって差別されるが、それらは西蔵人の関知する所でないから、支那自体の例は当てはまらない。

凡《およ》そいずれの国名にても、その意義や由来を考究することによって、その国柄が想像されるように、西蔵の場合においては、特にそれが従来あまり世に知られなかった関係上、ただその国名を考察するという一事のみでも、吾人が新たに学び得る所が少なくない。それによって異色ある国土と住民の情態・性質などを観察することができ、西蔵文化の淵源を窺うの一助ともなるものであるから、ここに古来各種の文献に現れたる呼称の主なるものについて、少しく解説を試みると同時に、若干の検討をも加えてみようと思う。左に記述する所は、一定の秩序の下になされたわけでないが、大体は普通世に知られた、手近なものから説き始め、最後にその国の本名に及ぶであろう。

〔二〕

「西蔵」という呼称。我が国で最もよく知られた名前で、俗にこれを「チベット」と呼ぶが、実にちぐはぐな称え方といわねばならぬ。なぜならば、「西蔵」とは無論支那名であるから、普通には漢音読みにして、「セイゾウ」というか、現代音に従って「シィツァン」と呼ふべきであるが、大抵の人は英語読みにして、「チベット」と云うからである。これは全く彼の国名に対する、日本語として常識的になっているためであるから、敢えて不可とするものでないが、それならば一層決定的に、凡《すべ》て仮名書を以てすべきである。尤も公文書では、漢字を用うる慣例となっているから、書き方を統一することはできないであろう。いずれにしても、それは西蔵の本名でないことは勿論、彼の国においては、漢字は全然用いられないから、吾人の呼び方などは問題とならない。

そもそも支那人が「西蔵」という名を附したのは比較的近世のことで、伝えられる所では、十八世紀の初め（一七二四年頃）、清国が西蔵を完全に属領とした時、宣撫工作を少しでも効果的ならしむるため、古名の吐蕃・西蕃・発羌・禿髪などの呼称が、軽侮を意味する点で、懐柔策上当を得ないとの理由から、別の新名を案じて「西蔵」と号し、西域の宝蔵を意味するとて、西蔵人の感情を和げんとするに始まるということである。果たしてそれが事実であるか否かは別問題として、所謂《いわゆる》西蔵の「蔵」の字は、元来右のような意味から起こったものでなく、その由来する所は、西蔵語のツァンに対する音写にある。ツァンGtsangとは西蔵本部における一の州名であって、語義は清浄を意味し、漢語の蔵とは何ら直接的関係がないようである。ただその音表字として、まことに適当な語を択《えら》んだことは否めない。事実この国は支那からいえば最奥の秘蔵庫ともいうべき位置に在るから、彼の一州名を以て国全体の総称に応用したものと解釈すべきである。「西」の字は単に附けたりに用いたもので、文書記録には省略されることが多い。

かくの如くその名の由来は、むしろ偶発的で、多分に文学的意義に動機を発することは、やや異例に属するもので、普通ならば、他の多くの例に見る如く、或る特種の基本的な地名を以て、全体の名とせられるであろう。これを西蔵の場合について言うならば、単なる一州名よりも、その中央州名をとるべきである。即ち古来文化の中心地たる、国都ラッサの存在する州名をウュ（Ü）と称し、中央または中心を意義し、支那人はこれを音訳して「衛」という語を当てている。常軌からいえば、「蔵」よりもむしろこの「衛」を以てすべきであるが、前述の如く所謂字義の適切なる点で前者が撰ばれたのである。しかし西蔵人間では、さらに政治的理由が挙げられているが、煩を恐れて割愛する。要するに一般地理的観念から、単に一個の州名としての蔵を以て総名とすることの不適当なることは、支那人といえども承知せることで、現に明代においては、「烏斯蔵」という呼称を用いている。「烏斯」とは、原語はDbusで、これを口語音にてÜ（ウュ）と発し、即ち前掲の中央州の名である。「蔵」は前述の通り他の一州名で、この二州が西蔵本部の中枢となる関係から、西蔵の総称として用いて然《しか》るべきものである。

なおこの外に、西蔵の国もしくはその民族に与えられた、各種の漢字名があるけれども、それらについては特に論議すべきことが多いから、さらに項を別にして記すであろう。

〔三〕

英語のTibetはもとより外国人の呼称であって、本当の国名でない。西蔵人が自国のことをかく呼ばれることを知ったのは、ごく近代のことである。この語源に関しては、学者によって多少説き方を異にするようであるが、今試みに左の一説を引用する。それは印度の西蔵学者S. C. Das氏編纂のパクサムジュンサン（第十二章参照）の序文として、支那歴史に伝わる西蔵の古代について論じた所にその国名の由来を叙して、次のような意味の解説を掲げている：—紀元四一四年頃中亜及び蒙蔵一帯に亙って、広汎なる地域を征服した大酋長にファンニFanniなるものがあって、彼の領有せる一の地方で、遊牧民が棲《す》む高原地帯の名をトゥファTufaと呼んだ。それは後に訛ってトゥファンTufanとなった。TufaはまたTu-po或いはTu-boと同語であり、これが蒙古語と化したときはTu-botとせられ、さらに転化してついに英語の"Tibet"となった、と。

以上によって一応その語の由来は了解せられるとしても、最初のTufaの語義に関して、何ら説明する所がない。尤もそれは漢字の吐蕃、或いは禿髪などに相当するものとして、種々解釈が試みられてあるが、その問題はしばらく措《お》き、今Tu-faという原語そのものの意味が、現在の西蔵語によって、解釈ができるかどうかを考えてみよう。大体西蔵語には"f"の音が存在しないから、それに代わるべき"p"に置き換えるならばTufa＝Tupaとなる。しかしただTu-paだけでは、何ら適確な意義を求め難い。そこでかような口語音を発出し得べき言葉が、正しき文語中にあるか否かを調べて見ると、幸いにStod-paという適《ふさ》わしい語を発見する。かれとこれとは原字の綴り方が著しく相違するが、口頭上の発音では、二者はほとんど同様となる。而して後者の語義は明らかに「上高地人」を意味する。即ち Stod は上部または高地の義、pa は人または者を意味する補添詞である。現に今日トゥ Stod といえば、国の北西部に位する高原地域を指し、その地方の住民をトゥパと呼んでいる。

これは西蔵高原内における、一の実例を示したに過ぎないが、広漠たる西域全体から眺めたときは、西蔵高原そのものが、一つの上高地帯を形成するものであるから、四囲の低地域の住民からは、西蔵人全体に対して、上高地人なる名を与えたであろうことは、容易に想像される。しかしこれは住民に対する呼称であって、国名とは言いかねるが、その当時はなお完全に国という観念をもたぬであろうから特に詮議するの要はない。たとい仮に「上高地人の国」と呼んだとしても、「の国」を省略したと見れば差し支えはない。そうした省略法は、古今いずれの国にも、有りふれた例である。従ってその頃の支那人は、Tu-pa を音写して、吐蕃、或いは禿髪などの漢字を当てたものと思われる。兎に角これを原語として、或いは Tu-fa となり、乃至英語の Tibet まで、転々として変化したのであろうとの見方もなりたつ。

なおその他の欧西語として用いられる、Thibet, Thabet, Thebeth なども、同様の転化によって綴られたものであり、アラビア語の Tübet, Toböt もまた然りである。

〔四〕

漢語の諸名について。漢名中には嚮《さき》に掲げた「西蔵」の如く、明確に国名を指摘したものと、ただ漠然と民族名を指して、それを当該地方名として用いたものとがあるが、今はかような差別を附せずに、大体西蔵方面の国土住民に対して与えられた呼称を一まとめとして掲げる。

まず詩書に現れたる氐《てい》・羌《きょう》などというは、国名として見ることはできないが、主として西蔵方面に棲める民族に附けられた名であることには間違いはない。何故に彼らを氐或いは羌と呼んだかということについて、氐の字を用いた意味を、筆者はまだ考究するの機会をもたぬが、多分その語義の「賤し」からきたものであろう。羌の字は周知の如く羊人の義で、彼らが遊牧を生業とする民族であることを示し、古来の伝説や、今日の現状からでも容易に首肯される。

また秦時には「西戎《せいじゅう》」の名を以てしたが、これは西蔵に限らず、西彊一帯の民族に与えた蔑称であることは、改めて説くまでもない。ただし右は支那人が西蔵を呼ぶに、由来侮蔑の念を以てする基本的の言葉であるから、他の名称を解釈するに参考となるものである。

次に漢書には「西羌」とあるが、羌の意味は前述の通りであり、西はただ方向を示したに過ぎない。

次に隋書の「附国」とは、無論「附の国」の義であるが、附とは何を指すかというに、恐らく西蔵の本名たるプュッ Bod の音表文字と見られ、特別の意義は無いであろう。強いてこじつけるならば、支那の附属国という意味を、音写字に含ませたものと見られないことはない。

次に新唐書の「発羌」とは、多分発と名づくる羌の国の義で、発の字はやはり前掲の如く、本名プュッの音写字と見られると同時に、またその語義をも兼ね表わしたものと推考せられる。この国の本名の意義は、後説に詳しく示すであろうが、その語義の中で、「発吐」の発の意味を取ったものと想像せられる。

羌は前述の通りである。

次に「吐蕃」という名称が、唐以後五代宗の世に及んで、普通に用いられてあり、現今でも西蔵の古名としては、最もよく知られている。しかしこの名の意義またはその由来については従来欧西学者間にも異説があって、未だその決定を見ないのである。今それを一一検討する遑《いとま》はないが、ただ一つ留意すべき点は、彼らの共通的な見方として、吐蕃の二字を以て、全然原語の音表字と定めてかかることである。今その代表的な見解と見なされるものについて、簡単に紹介するならば、まず西蔵学の泰斗 W. W. Rockhill 氏の説に従えば、「吐蕃」の原語は Tu-bot であって、それは現に、中部西蔵人が彼らの住地を名づけて、トゥボッド Stod-bod というに同じである。その意味は Stod を「上高地」の義として、これを原語の Tu 即ち漢字の「吐」に該当せしめ、次の bod は西蔵国自体の名で、これを音字したものが、即ち「蕃」であるとする。つまり「吐蕃」とは、「上高地西蔵」という意味の原語に対する音訳を示したものであるとするにある。今一つの説は、ドイツの地理学者 Ritter 氏の解釈で、「吐蕃」とは蔵語の Tho-pho の翻字であり、それは戦勝国の王者が、武勇ある民に附与した呼称である。而してその語は、Thu-bo または Thub-pa を語源とするもので、Thub-pa とは強者を意味する言葉であると説いている。以上の二説については、それぞれ賛意を表し兼ねる点をも見出すが、ここでそれらを詮議するの煩に堪えないから省略する。しかしながら R. 氏の説において「蕃」は Bod の音表字であるという論拠に関して、一応言及せねばならぬ。それは九世紀の初め（八二二年）頃、西蔵国王第四十二代（または四十一代）レェパチェン Ral-pa-can の代に、支蔵戦争の講和が結ばれた時の紀念碑、即ち支那で、唐蕃会盟碑と言わるるものの文面に、漢字で「大蕃」とある所を、西蔵語ではBodとなっていると言うを理由としたことである。この推定はほぼ正鵠を得たものと言えるが、ただそれだけの説明では「蕃」の解釈が究明せられない。既に「吐」の字について音・義両方面から自己の見解を述べながら、「蕃」に対しては漠然とそれが西蔵の名であるというだけで、少しもその語義上の考究に及ばないから、論議が徹底しない憾《うら》みがある。

筆者の「吐蕃」に対する解釈は、彼ら欧西人とは根本的に見解を異にするもので、彼らが専ら音表字説以上に出づる能《あた》わざるに反し、筆者はその二字を以て、一応は本来の漢語義そのものにて記し、示されたものと見るのである。これを具体的に云えば、「吐」はこの国の本名の語義を翻訳したる漢語で、その原語Bodが表わす所の、発吐の義から吐を択んだものであり、「蕃」は吐の語に対する添加語で、漢語の普通用法に従い、野生または未開の意味を示すに止まる。よってそれは「吐といわれる蕃人国」の義と看做《みな》さざるを得ないのである。蕃をそうした意味に用いた例は、後世元の代に「西蕃」という呼称を以てしたに徴しても、自ずから首肯されると思う。次に再応の見方を説くならば、「吐」はやはり前掲同様で、原名の意訳であるが、「蕃」は既述のような意義の外に、原名の音表字をも兼ねたものと見るにある。しかしR.氏などの所論と、少しく趣を異にする点は、彼らがBodを以て、直ちに漢音の蕃にこじつけるに反し、筆者はBod口語式発音のBö, pöの如きものが、蕃の字で表わされたものと考えるのである。もし単に音を写すだけならば、必すしも蕃の字に限ったわけでなく、或いは番でもよく、場合によっては鄱・藩の如き字でも差支ないかと思われる。現に番は支那の記録に、番僧・西番などとして、明らかに西蔵のことを指している。ただしこの場合「番」は武勇を意味するもの見られることに留意すべきである。兎に角

「蕃」は音訳をも兼ねたものとも推定し得るから、その見方によると、「吐蕃」の名は吐を以て原名の意味を表わし、蕃を以てその口語音を示したものとの見解にも到達するのである。由来文字の用法に卓越せる技巧をもつ支那人のことであるから、一つの名称に対して、上述の如く多義に亙る解釈法を生ぜしむることは、敢えて奇とするに足りないであろう。

次に「禿髪」というは、旧唐書吐蕃伝に見える名称で、これも恐らくTu-faまたはTu-paの音表字であろうが、如何にも意味ありげな用字法によったものである。尤もこの名は果たして西蔵人のみに与えたものかどうか明らかでない。古来彼らが禿髪の頭をしていたことを聞かないし、現在でも彼らの頭髪は決して少ない方ではない。円頂のラマ僧が現れ始めたのは九世紀以後で、国中に仏僧の普及を見たのは十五世紀を以て最盛時代とするから、その名の由来する時期が、著しく懸け離れる。どうしても意義上からは見当がつかない。

次に「党項」T'an-gutというは宋代の呼称であるが、これも果たして西蔵国のみをさすか否かは疑問であり、語の由来も明らかにせられていない。仮にこれを西蔵語にこじつければ、タングゥッT'ang-rgotという語が想定される。それは「野蛮人の野原」の義を示すから、現実的に西蔵高原の遊牧地帯をさした言葉として受け取れる。ただし命名の理由が、果たしてここにあるかは保証の限りではない。

次に「西蕃」は元代の呼称で、八思巴《バグスバ》(Hp'ags-pa)の彰所知論に用いてある。これは読んで字の如く、「西方の蕃人国」の意味に外ならぬ。泰西学者流にこの「蕃」の字をも、音表であると見るは不適当である。また同じく、同時代で用いた名称に、土伯特Tu-pe-te，塗孛特Tu-bo-te，鉄不徳Te-pu-te，図伯特Tupe-te などあるが、凡《すべ》て同語異称の音表字の使い分けに過ぎないもので、いずれも"Tibet"と語源を同じうするものである。

なお、明代に「烏斯蔵」の名が用いられ、清代に「西蔵」または単に「蔵」とせられたことは、本章の初めに述べた通りである。

〔五〕

「霊魂の国」または「プル王国」。西蔵語でプルゲェ Spur-rgyal と記し、S. C. Das の蔵英字典に、西蔵の古名として、挙げられた二様の解説に従う。前説は印度仏教徒の名づくるもので、「死者の王国」と訳さるべき語であるが、意味から言えば、「霊魂の国」とするが適当である。彼らの信ずる所では、人は死して後、再び六道のいずれかに生まれ出づる前、暫らく霊魂状態の存在をつづける所の中間世界に入る。それを名づけてパルド Bar-do といい、天上界と、ヒマラヤ山との中間に横たわるものとする。西蔵の国土は即ちそこに当たるとの想像からして、右のように名づけたわけである。後説は西蔵の伝説によるものといわれ、国王第八代リクムツェンポ Gri-gum btsan-po が、国都をプォタ Spuho-brag に定めたことから、プル王（Spur-rgyal）と称せられ、終《つい》に Pur-rgyal または Bod-kyi-rgyal-K'ams として知られたとある。

以上両原名ともに、普通の文献には用いられない。但しここに西蔵国の本名なる Bod という語が、突然用いられてあるが、右の解説の範囲においてはその由来を示していないから、この国の本名と、Spur

或いはPurとの関係が明らかにならない。

〔六〕

「雪有国」または、「雪群山国」。いずれも西蔵語の翻訳名で、その原語は次の如く種々の言い方がある。即ちカワチェンキユル K'a-wa-can-gyi-yul, カンチェンユル Gangs-can-yul, ユルカワチェン yul-ka-wa-can などはいずれも、雪有国の義であり、カンジョン Gangs-ljongs は「雪国」または「雪ある山渓国」を意味し、カンリトゥ Gangs-ri-K'rod は「雪山の群国」または「雪山の繞《めぐ》れる所」の義を表わすもので、あたかも我が国を「やまと」というが如き類と見られる。これらの名称は通常西蔵人が、文学及び聖典語としてしばしば用うる語である。起原は仏教聖典にあるから、最初は無論印度で附与せられたものに違いないが、大体この種の名称は必ずしも他称とは限らない。実情に即する点から推《お》して、西蔵人自身でもかく名づけ得べき言葉と考えられる。しかし印蔵文化の先後関係からいえば、文献的には印度人によって先称されたものと見るべきである。

〔七〕

「神国」即ち「神聖仏国」或いは「仏法保有刹土」即ち「有仏法国」、これらの名称は凡《すべ》て西蔵人が用うる所の聖典語であるが、由来仏教を離れて文学は存在しない国であるから、普通の文学語としても用いられることは勿論である。その原語を掲げるならば、ハユル Lha-yul は「神国」と直訳されるが、その意味は、神聖国即ち仏聖国或いは単に「仏国」とすべきものである。

またハンデェンユルLha-ldan-yulは、直訳「神在国」で、意訳は「仏聖の在す国」、即ち「仏在国」である。これは元来国都ラッサに与えられた別名で、通常これを略称して、ハンデェンともいわれるが、稀には国全体の名として用いられることもある。またチゥンデェンシンC'os-ldan-Singは、「仏法保有刹土」即ち「有仏法国」の義である。

〔八〕

「中国」。西蔵語ウュDbusの訳語、本義は中央・中心・真中と直訳されるから、国に名づけた場合は「中国」とする。この語は現在、西蔵本部の中央州名として用いられてあることは既述の如くであるが、上世に在っては恐らく西蔵本部全体の総称として、換言すれば一の国名として用いられたものと想像せられる。それは西蔵の古聖典マニカンブム（第十二章参照）の仏話に、そうした用い方があることによって推知せられる。ただし明確にそれが国号であると指摘せるわけでない。説話の模様によって右のように解釈するのである。

〔九〕

「米実る国」或いは「穀物豊饒国」。西蔵語レンジョンḤbras-ljongsの訳語、古の文献上では特定の一国名として呼ばれていないが、前掲マニカンブム説話の文意より容易に想像されるばかりでなく、現に今日それを一の国号として、呼びならわしている実例から推究することによって、西蔵は曾てそうした名称で呼ばれたものであろうと看做されるのである。即ち彼の聖典の仏話中に、前掲「中国」の状態を言い表わした言葉に、「多くの功徳を具《そな》えた所の、穀物豊饒なる、楽しい、広い、温い土地」云々とある意味を、現存の一王国なるレンジョン即ち「米みのる国」と結びつけて考えて見ると、遠き古には、西蔵本部全体がこの称呼を以て呼ばれたものと推定せざるを得ないのである。今日のレンジョン国の所在は、現在の西蔵本部の南方に偏し、ヒマラヤ山脈中に位する山渓国として、気候温和、農林産に富み、古来理想の楽土と謂われた所である。昔西蔵建国の当時は、多分この国の辺りまでが、中心地域に属したものではないかと想像される。何となれば、今日の所謂「中国」の名義を止めたるウュ州は彼の仏話に云うが如き、五穀豊饒の国ではない。

たとい土地自体は肥沃であっても、気候冷寒に過ぎ水利の便も悪しく、農耕には不適当であり、殊に米作の如きは曾て試みられたこともないから、もしも仏話の通りとすれば、少なくともその条件を具備せる現レンジョン国地帯をも包含しなければならぬからである。よって思うに、往時の「中国」とは、かなり広汎な地域に与えられた名称で、その南方の境界は、恐らくヒマラヤを越え印度平原地帯にまでも及んでいたであろう。従って現在のレンジョン国は、彼の「中国」の一部に入るわけであるから、嚮《さき》の説話と矛盾しないことになる。また今日のウュ州は、北方に偏し過ぎることは事実であるが、後世そこに首府ラッサが開かれ、政治文化の大中心となった関係から、それに専ら「中国」の名が附与せられ、一方のレンジョンは南に片寄り過ぎるが、穀類豊饒という特色が主となって「米みのる国」の名が残されたと見るべきでなかろうか。なおこのレンジョン国については、右とは全く別の見方があって、一個の独存的王国を形成せる事実に立脚して、一層興味深き解釈が試みられるが、ここに問題とせる国名としては、余りに局地的のものとなり過ぎて、普遍性に乏しいから、ここに割愛せざるを得ない。

因《ちな》みに附言すべきは、このレンジョン国は、今は最早西蔵国の領域ではなく、近世における英支紛争の犠牲となって、ついに一八九〇年以来、イギリスの保護国として割譲せられ、別に新名のシッキムSikkimなる国号を以て呼ばれることとなった。現にネパールとブータンとの間に介在せる小王国が即ちそれである。

〔一〇〕

「プュッ」国。原語はBodと記す。これは西蔵固有の、唯一の呼称で、まさにその国の本名と称すべく、昔も今も、文章にも日常語にも最も普遍的に用いられる国名である。それにも拘わらず、一般外国人には殆んど知られていない。ただ僅《わず》かに西蔵学に関心をもつ少数の人々によって用いられるに過ぎない。嚮《さき》に漢語の古名として掲げた所の「附」及び「発」は云うに及ばず、「蕃」または「番」の古音なども、恐らくこの本名の原音を写表したものと推考されるのであるから、その原名の由来は、少なくとも隋代以前にさか上ることは勿論である。その起原論は後述に譲り、まず原語の発音と意義の解説から始めねばならぬ。原語は通常ローマ字にて表わすときは、Bodと記されるが、文字の音性などの点からいえば、Potの如き低重音にて示すべきである。しかしその口頭での発音は、原音を少しく訛るから、もし現代の中央語の発音を以てするならば、Pö"の如く響かされるであろう。日本語で、その近似音を示すならば「プュッ」という音を、一口に短かく詰め、押さえつけるように、低い調子で、音尾を切り上げる気持ちで発すべきである。尤《もっと》も地方によっては、ポォとか、ボォとか、或いはプェというように響かすこともあることを、注意せねばならぬ。

次にその語義は、もと動詞から転化した、抽象名詞として表わされるもので、これを日本訳とすれば、「喚びかけ、叫び、感叫、発吐」となるであろう。国名として用うるときは、勿論この一語だけで、完全に通ずるものであるが、またしばしばユル Yul（国）の語を添えるから、喚叫国、感叫国、発吐国などの訳語をも得られる。漢名の発羌・吐蕃などが、「発吐」の義から出たものであると推究される所以は全くここにある。但し発の名は他の一面において、原語の音表字と見られることは、既述の通りである。

次にこの語が、西蔵の国名とせられた謂われについて、考察するならば、元来本問題に関しては、未だ的確なる文献的考証が行われていないため、古来学者間に幾多の異論があって容易に決定を見ないが、今試みに西蔵にて最も権威ありと云われる史書テプテルゴンポ（第十二章参照）の所録によるときは、同書の著者は国名の起原を遠く開闢の昔に求めて、次のように伝説や仏説を指摘している。まず伝説に示す所では、（別章民族の由来に述べる如く、）印度において釈迦仏出現以前に争乱の世があって、その時敗軍の将が一軍団を率いて西蔵に遁《のが》れ、定住し始めた種族によって"Bod"と呼ばれた名が、永く後代に伝え称せられたものである。また西蔵の古文書にも、この国は以前プギャル Pu-rgyal（プ王国）と名づけられたが、後には"Bod"と呼び換えられたと記してある。更にまた仏説によってみるも、釈迦仏が西蔵に仏教が弘まることを予言せられたなかに、その国名としてBodなる語が用いられていると。

大体西蔵の史家は右のような見解に一致しているが、しかし何故にBodという名称が与えられたか、またそれは本来如何なる意義の語であるか、或いはまた、最初の名といわれるPuとの間に関連があるかどうかなどの諸問題については、文献上何ら論及する所がないようである。なおPuは前掲〔五〕の項に述べたプル王国（Spur-rgyal）の名と酷似することは否めないが、猥《みだ》りにその同異を論ずべきでないことは、両説を比較して了解せられるであろう。かように西蔵人自身すらも、それに対して明快なる解答を与え得ないのであるから、吾人が直ちにこれが断案を下すことは、もとより困難である。よって今日まで種々論議された範囲において、主要なる見解を列挙し、同時に若干の検討を試みるであろう。

（A）梵語のBhotの転化と見る説。B. H. Hodgson氏の唱うる所であって、七世紀頃印度より入蔵せし学僧らによって、最初この国をBhotと名づけられた所が、後にそれを訛《なま》ってBodにしたものであるという。しかしただそれだけの説明では、容易に承服されるものでない。西蔵人の考うる所は、まさにH. 氏説の逆である。即ち西蔵には往古の、無文時代よりBodに該当する言葉で表わされたる国名が既存したものと見なすのである。もとよりBodの如く文字で綴《つづ》るようになったのは、七世紀の初めに相違はない。その固有名に対して、彼の印度学僧らが梵語を以て、Bhotという訳語を当てたものと解釈している。ただし実際上それが音表であるか、意訳であるかが問題とされる。なぜならば発音上で相似の点あることは云うまでもなく、意義上でも同様に見立てられないことはないからである。S. C. ダス氏の蔵英字典には、西蔵語のBodに対してBhotaなる梵語を当て、H・氏の如くBhotの訛とは見ていないことに留意すべきである。

（B）"P'hod"と同義と見る説。（以下凡てP'odと記す、語義は「能力」と訳せらる）Van. A. Schiefner氏の見解によれば、所謂Bodは、別語P'odの軟音語形体にて表わされたもので、その意義はやはり「能力」なることに変わりはない。西蔵人は自国を「能力ある人々の」国と呼ぶからであると。今この説の当否を検討するに、もし伝説的新解釈法によるならば、S.氏の云うが如く、彼らはそうした言葉を用いたに相違ないであろうが、語学的解説に従うときは、BodがP'odと同系の同義語と看做し難い。この両語の差別を明瞭に示すには、勢い文法学的論議を試みなければならないが、そは余りに専門に入り過ぎる嫌いがあるから見合わすであろう。故にここでは、それら両語が、全然別種の語類に属するもので、音性学的にも、語形上に何らの連関性をもつものでないことを知るべきである。ただ一般論的に、P'odが「能力あるもの」の意義を示すから、それを国名として用いられたとすることに対しては、あえて賛意を惜しむものでないが、それを以てBodと同系同義語とする点については、語法学上から反対せざるを得ない。

（C）梵語Buddha（仏陀）の訛音と見る説。これは西蔵人が自国を神聖化するための、牽強附会説と思われるが一応条理の立った解釈法と見られる。既述の如く西蔵には、仏国、仏在国、仏法保有国などの呼称が与えられてあるのであるから、この意味において、BodをBuddhaの訛音と看做すことは、至当であると言い得る。ただ嚮《さき》の諸名が、凡て西蔵語で言い表わされたに反し、これはもとの梵語原音によっただけの相違である。恐らく当初はBuddha-Ksetraまたは、Buddhai-yu.——いずれも仏陀国の義——などと呼ばれたであろうが、後に「国」の語を省略して「仏陀」の一語となし、その原音は更に訛って、ついにBodの如く変化したものと見られる。なお一説には、梵語のBodh（知覚する？）の転化ともいうが、それは余りにも穿《うが》ち過ぎた解釈である。

右はその由来をいずれにしても、仏教伝来後の命名たることが明かとなって、他の識者らが、往古よりの既存名とする説と合致しないことになる。よって筆者は思うに、遠き以前より既にBodに該当する言葉の名称が用いられていた所へ、仏教伝来と同時に「仏国」等という称号が起り、その梵語音と、在来の蔵語音とが、偶然相似たわけで、後者を以て前者にこじつけたものとするが妥当ではあるまいか。

（D）「感叫」国の義。これはBodという語の本義を基礎とする見方である。この語義については、上来しばしば訳出した如く、呼びかけ・叫喚・感叫・発吐などを義とするもので、文法学上では、所謂感嘆詞または間投詞類を指すときの術語として用いられるが、西蔵語の場合は、特に感嘆の義に重きを置かれるようである。例えば一般普通のものに対するよりも、むしろ畏敬尊崇の念を要する神仏、帝王、英雄などに対して、発せられるを常軌とする。今この意味を適切に言い表わすべき用語を見出さないから、しばらく「感叫」という訳語を以てする。

しからば何故右のような意義の語が、国名とせられたかについて、何人も奇異の感を懐くであろうが、それは次のような解釈によって首肯せられる。そもそも西蔵人は伝説にも見らるる如く、往古建国の昔、或いは遥かそれ以前より、天神地祇を畏敬尊崇するの念に篤く、彼らの禍福は、すべて神の支配する所であると信じ、その不可思議なる威力に対する感嘆の叫び声は、絶えず彼らの口より発せられたであろう。例えば彼らの古代宗教は、ボンBonと名づけられるが、その語義は「誦称す、低称す、言い表わす」などで、それは神を念ずる心の現れ方を示すものと解せられるが如きである。彼らはただに上代においてのみならず、降って、七世紀に仏教が伝わってからも、神の信仰を仏の信念に融合せしめて、一層熾烈ならしめ、後には殆んど熱狂的に昂進せる信者となったことは、世々の史実が物語る所である。畢竟彼ら本然の感激性は、曾て神に対して感叫せしが如く、その後仏陀に対しても、むしろ神以上に感嘆の叫びを発したことは当然であり、これによって彼らが性来の感叫者たることは想像に余りある。而して彼ら自身もまた、感叫者たることを自覚しつつ、相互にこの語を以て呼び交したことと察せられる。例えば今日でも、同じ教徒の人々が、相互に信者、同行などという言葉で、相手に呼びかけるものと同様であろう。このようにして彼ら同士の間には、その言葉が普遍的のものとなって終《つい》には「感叫者」即ち「吾等チベット人」というような意味をもつに至ったものと考えられる。従って彼ら同志の住む所を、「感叫者の国」と呼び、終にそれを略称して「感叫」即ちBodの一語を以てしたことは、ここに贅言するまでもない。

国名の由来する所を、かように想像してみると、その起原は相当古い時代に属し、伝説に基づくときは、遅くとも紀元前五世紀における建国時か或いは更にそれ以前にさかのぼるであろう。かようにその淵源の茫漠たることと、単にその言葉の呼びならわしから、何時とはなしに自然に呼称となったことで、特に一定の時期とか事情などが画然と立てられないことが、その名の難解たる所以となるものであろう。思うに本項に掲げた解釈法は、他のあらゆる諸説中、最も穏健な見方と考えられるものであるが、欲を云えば今少しく力強い文献的論拠が望ましいことである。

（E）「ボテェー」の国。これはBodの語義についての直接解釈でなく、その語源的関係から想定した呼称で、「ボテェー」とは西蔵人種をさすとの見解に基いた一種の推測説である。二世紀頃の泰西の地理学者といわれるPtlemaeus氏の書に、現在の西蔵高原に当たる地域に棲住せし民族として、ボテェーBauteaと称せられるものがあると記している。それは恐らく西蔵祖先種族を指したものと見られるが、現に近代においても、筆者が見聞する所では、ヒマラヤ山脈地帯のある土語中、西蔵人を呼ぶに「ボテァ」または「ブゥティア」(Bhotea ; Bhutia) の語を以てするものがある。これはP.氏のBauteaに甚だよく似ている所から、遠き昔の名残りを伝えるものでないかと想われる。故にもしも語原を同じうするものであったならば、恐らくともにBodから発したものであろう。果たして然りとすれば、Bodの呼称は既に二世紀の当時においても普通に用いられていたことが、自ずから証明されるわけである。

上述の諸名の外、なお仏典などには、西蔵人を指すかと思われる語として、「赤い顔している人」Gdong-dmar-canとか、「ホルの赤顔肉食者」Hor-gdong-dmar-sǎ-sanというような語が散見されるが、それらは必ずしも西蔵人だけを意味するものでなく、ヒマラヤ以北は、西蔵はもとよりのこと、中亜・蒙古・支那西辺までも含めたものと想像されるから、斯様な言葉をもって、西蔵の国名に擬することは妥当であるまい。

上来説く所によって、国名問題も一通り論じ終わったが、この外にもなお若干の名称が存するであろうから、本問題は依然として未解決であり、最後の断案に到達するにはなお多少の論究が残されていることを附言する。

第三章　地理概説

〔一〕

ここに地理と題するも、普通にいう一定の体系を具えた地理学上の記述を、漏れなく掲げんとするものでなく、本記執筆の目的に適《ふさ》わしいよう、しかるべく書き列ねたに過ぎない。我が国で一般世人が、西蔵国の所在について懐ける観念は甚だ漠然たるものであって、それはただ支那の西辺に奥深く閉じこめられた、容易に近づくことのできない秘密境であるかの如く思惟する。一面から見れば或いはそうかも知れないが、他の一面からいえば、彼らの考えるように、この世の外に隔絶された幽境の如くでないことは、一度び眼を転じて、印度の北境に注げば、自ずから了解されるであろう。苟《いや》しくも地理的観念を常識とするものには、西蔵国の存在は、むしろ印度と結び附けて、思い浮かぶべきである。

今試みに西蔵の所在観を、現実的に示すならば、例えばカルカッタにおいては、幾分西蔵臭が漂う所を発見するが、上海や広東では、その気配すら認められない。僅かに北京方面において、西蔵の寺院臭が、辛うじて感じられる程度にとどまる。さらにまた、カルカッタより、汽車にて二十時間を北進して、ヒマラヤの山上都市、ダージリンに達するならば、そこには最早まがふ方なき、西蔵の中央社会の面影が、映し出されてあることに気付くであろう。

これに反し、支那では遠く幾千里の奥地、四川の成都まで入り込んでも、ただ多くの西蔵人がいて、その辺彊臭が感ぜられるのみで、ラッサの都を想像することは不可能に近い。また右の見方とは逆に、西蔵内から外部を眺めたときは、古今文化の影響が、如何に印度方面よりするものが顕著であって、支那より受くる所が微弱であるかという事実を、種々の文献や実情によって、学び得ることであろう。こうした二様の現象は、果たして何に基因するかというならば、疑いもなく、一に地理的関係のしからしむる所と、断ずるの外はない。西蔵研究を志さんとするものは、常にこの観念を以て、支那よりもむしろ、印度の範疇に入れて考察するが便宜と思われる。

〔二〕

次に本題の地理的描写に及ぶが、その前に西蔵の版図について一言せねばならない。それは古今において著しき相違があることは勿論、筆者駐蔵当時と現在とでも、かなりの差が生じている。即ち彼の西康、青海二省の如きは、比較的最近まで、西蔵の領土であった。大体に政治上の限界と、地理上の境域とは、必ずしも一致しないものであるから、今はそれに関係なく、専ら西蔵高台という地文学的範囲を基準として論ずることにする。

まずその位置を云えば、地図によっても容易に知らるる如く、印度の北を東西にやや斜に、長く連亙するヒマラヤの大山脈を以て南境となし、東は印度山脈、西はパミール高原、北は崑崙山系を限界とする。面積およそ八十乃至五十万方哩、海抜平均一万四千呎の標高を保てる大高原である。北方の大部分は、所謂チャンタン Byang-t'eng（北原）と称せられ、概ね荒寥たる原野の起伏する所であるが、また所々に幾多の小山系が東西に連亙するものがあって、地勢は決して単調でない。地表は主として雑木、灌木、砂礫などで覆われ、また大小幾百の湖沼が至る所に散在する。南部方面に在っては一帯に山岳に富み、殊にヒマラヤ山脈地域は、嶮峻なる高嶂の重畳連接することは云うまでもない。しかしエルッァンポ河の流域には所々に盆地平原が形成せられ、その間農耕に適する土地も少なくない。主なる都邑《とゆう》もまたこの地方に存在する。一般に高原内部の山野には、殆んど森林と称すべきものなく、僅かに南部地方において、比較的人口の稠密なる方面に、楊柳属の半殖林が点々として、疎らに散在するを見るに過ぎない。鬱蒼たる大樹の密林は、印度境に近きヒマラヤの山地帯に限られる。故に高原全体の眺望は、殺風景極まるものであるが、前述の如く、湖沼に富む所から、しばしば潤いある光景に接することがある。その上これらの湖辺からは、沙塩、曹達《ソーダ》、硼砂《ほうしゃ》などの産出があって、無味乾燥を調和せるかの観がある。高原上の河川は、内陸流域にあるものが多く、各辺疆に源を発するものは、大河流となって、終《つい》には海洋に達する。その主なるものは周知の如く、黄河、揚子江、メコン、サルウィン、ガンジス、インダス、ブラマプトラなどである。ただブラマプトラ河のみは、源を国の西北部に発し、高原南部を東流し、急に南折して、ヒマラヤ山脈の東端を貫き、印度平原に流れ出る。その高原上を通過する部分を名づけて、エルッアンポ Gyas-ru Gtsang-po といわれる。

〔三〕

気候はこの国の緯度の関係から見れば、その位置は大体我が中国及び九州に当たるが、高原の海抜標高において、著しき差があるため、気温は平均して甚だ低く、ほぼ満洲のそれに比すべきである。四季の別は判然としているが、寒季がやや長い。未《いま》だ各地の気候を全部統計的に調べられたことが無いから、詳細は知る由もないが、首府ラッサの気候については、筆者駐蔵当時、大正二、三年度に観測した簡単な統計によって、大体判明するであろう。およそ西蔵高原の気候は、地方によって格段なる相違がないから、もしラッサを基準とすれば、それより西及び北に遠ざかるに従い、寒度を増すが、東に去るとともに、温和となる。また南方に向かうときは、ヒマラヤ山脈のため、気温は区々《まちまち》となるが、温度は著しく増す。その他の気象状態は、ほぼラッサに準知すべきである。よって今その概要を記すならば、最低温度は、一・二月の厳冬において、零下十八度内外、最高は、七・八月の盛夏で二十八度内外である。一日の気温は昼夜の差が甚だしい。殊に冬季においてしかりである。天気は概ね午前中は晴れがちで、午後は曇りやすい。雨は七・八月に最も多い。雨量に乏しいから、一年の総量は、恐らく三十五吋《インチ》を超えないであろう。風は常に微風または和風の程度で、午前中に東寄り、午後は西寄りを普通とする。しかしこの地方一帯の特色として、午後にはしばしば猛烈なる突発風が来襲し、沙塵を捲いて吹き荒むことがある。盛夏の雨季を除けば、ほとんど一年中季節を選ばず瀕発する。その時間は大抵午後二時乃至四時頃より吹き始め、二、三時間継続する。その風向きは西または南西に限るようである。凡そ一週に一度の割合を以て起こるが、一定の期間を隔てて平均的に来るものでなく、時には連日繰り返し見まわれることが珍しくない。冬期の降雪は、回数も積量も極めて少ない。平原地上で、五吋《インチ》以上の積雪を見ることは稀である。しかし夏季でも、原野で降雨のある日には、四周の山々には、白雪を見ることが多い。それはラッサの市街が横たわる原野そのものの標高が、既に海抜一万二千呎で、殆んど我が富嶽の頂に等しいから、その市街よりもなお幾千呎か高い所にこの現象を見るに不思議はない。

〔四〕

高原中気候最もよく、土地肥沃にして、住民多き地方は、前掲エルツァンポ河の東部流域で、古来文化の中心地たる首府のラッサ Lha-sa を始めとし、サムエ Bsam-yas, シガツェ Gšis-ka-rtse, ツェタン Rtse-t'aug, ギャンツェ Rgyal-rtse, など枢要の都邑はほとんどその沿岸、もしくは支流に臨んでいる。人口は極めて稀薄であるが、未だ曾て調査されたことが無いから、正確な数字は挙げられない。前清時代になされた推算に基づくときは、現在は凡そ二百万足らずと思われる。即ち一平方哩に二人乃至四人の割合である。最大の都市といわれるラッサですら、僅かに五万にみたないのであるから、他は推して知るべきである。

国内の交通は、地勢上から容易に想像されるように、その発達が阻碍されているから、今なお原始状態のままに残されてあるといっても過言でない。局地的には完全に大車道を設け得る場所が少なくないが、他の各方面との連絡をつけることが容易でない。況や鉄道を以て、縦横の交通を計る如きは、前途なお遼遠であろう。故に従来の交通運輸の法は、主して徒歩か騎乗によるの外はなかった。河川及び湖上に、舟楫の便が無いではないが、利用の価値が少ない。現在通商路として、比較的発達せるものは、ギャンツェより、チュンビ（Chumbi）渓谷を経て、印度境カリンポン Bka-blonh-spung（Kalimpong）に通ずる、約そ二百哩の間で、一九〇六年の英支条約で開かれたものであるが、自由通路でないから、外国人の交通は一切禁止せられ、ただイギリスの商務官関係の人々だけが出入を許されるに止まる。なお最近の調査によると、航空路の開発が有望視されている。ヒマラヤの嶮を越えるに相当の危険を感ずるが、一たび高原地域に入れば、至る所に着陸または着水点が見出されるであろうから、その実現は案外早かろうと思う。

産業は概ね幼稚の域を脱しない。農作物では大麦を主とし、辛うじて国内の需要を充すことができる。牧産は最も豊富で、羊毛は輸出貿易の大宗をなすものである。皮革砂塩なども若干輸出される。鉱産の主なるものとして、古来砂金が最も有名である。現在でもかなり多量に産出せられ、輸入貿易の超過決済に役立つといわれる。工業はほとんど論ずるに足りないが、やや見るべきものは、毛製品として、絨氈、羅紗が挙げられる。輸入品には各種雑貨類、綿毛製品、手工業用機械、その他煙草、食料品などの日用品があり、その大部分は、印度より直接または経由にて輸入せられ、一時は日本製品が過半を占めた時代もあった。右の外、磚茶、絹織物類など、輸入額の大なるもので、支那方面より輸入されるものがある。以上凡て数字の統計を欠くは不都合であるが、当時西蔵政府自身が未調査であったため、如何ともなし難いのである。

〔五〕

最後に西蔵の行政機構について一言するならば、勢いその沿革から説き起こさねばならぬが、大体は別章「国史略説」で国体や政体の変遷が想像されるであろうから、茲《ここ》では現在の内政に関する制度について略述する。曾て支那の支配下にあった時代とは異なり、今は宗主権もただ名義上だけのもので、事実は自治または半独立の状態にあって、達頼喇嘛《ダライ・ラマ》法王専制の下に、ほぼ中央集権の形式をとる。組織も時代によって幾分相違するが、筆者駐蔵当時の機構によるときは、最高政府の国務機関として、カルンヘンゲェBkah-blon-lhan-rgyas なるものありルンチェン Blon-C̓en と称する主大臣三名あって、その一名を総理とする。その下に、普通の国務院ともいうべき、カシャ Bkah-gsags なるものがあり、シャペ Ṡ̱abs-pad と称する四人の平大臣または並大臣が置かれる。而してこれら両院における、主平各大臣の中の一名は、必ず僧官を以てせられる。地方行政は、西蔵本部を五十三県に分ち、辺疆地方は別に四州を設ける。地方長官は、正副二名よりなり、その副官は必ず、僧官を以て任ずる。州の長官は、その権限一層大にして、政権の外に、或る程度の兵権すらも附与されている。およそ西蔵領土の範囲は時代によって、著しく広狭の差あることは既述の如くであり、また現在同じ西蔵の版図内でも、班禅喇嘛法王の私領とか、或いはイギリス保護領シッキム、即ち以前の西蔵領レンジョン王国の領域などが混在してあって、行政上やや複雑な関係に置かれてある。

なお本章の記述として、人文方面に関する事柄を述ぶべきであるが、それらは別の各章目において、分説的に示されてあるから、ここには省略する。

第四章　民族の由来

〔一〕

古来支那の文献に伝わる所の、氐羌などと称する種族に属せるものであるが、今日の西蔵人種は単純なる一種類の原住民或いは土生人よりなるものでなく、時代の変遷と、地方の相違とによって、相当複雑性を帯びているから、直ちに何種族であるとして、片付けられない。現代の民族分類学上では、南方亜細亜民族系に属する「チベット・ビルマ」種といわれ、或いはまた北方民族の「ウラル・アルタイ」系に属する「チベット」種ともいわれる。いずれにもせよ、かような分類研究は専門学者の主張に委し、今はそれとは別の方面から、西蔵人自身の観察する所を基礎として彼ら民族の由来の跡を、伝説上から探究を試みんとするのである。

〔二〕

さて彼らの想像する起原説にも、種々所見を異にするものがあって、これを分類するときは、次の如く三説に帰着する。即ちその一は神話的に民族の起原を求めるものであり、その二は伝説に基づいて説を立てるものであり、その三は現実的推定説とも名くべきものである。これを詳説するならば、第一説はさらにボン神教徒と仏教徒の見方に分れるが、前者によれば、彼ら民族は最初天上神より出でた神族の子孫が繁殖したものとする。西蔵国第一代の君主が天上より降臨せし神子なりと信ずるが如きも、全くこの思想によるものである。次に後者に従えば、仏典マニカンブン（第十二章参照）に説けるが如く、所謂《いわゆる》仏子たる観音菩薩の化身として、西蔵に現れたる猿猴族が、観音の教化により、漸次進化して、完全な人間に生まれ変わったものが、彼らの祖先人種となったものとするのである。第二説は、往古西蔵に移住せし印度人を祖先と見るもので、その昔、釈迦仏出現よりも遥か以前に、戦乱の世があって、その時分ルパティRupatiと称する敗軍の一将が、残党一千人とともに、女子に扮装して西蔵に遁入したことから、その子孫が繁殖して、今日の西蔵人種をなしたものであるという。第三説は、彼の西蔵史家として著名なる、スムパ・ケンポ（第十二章参照）の説く所で、前二説に比し、断然合理化された起原説といひ得る。それによると、およそ人類がこの世に現れ始めた頃から、印度や中亜方面におけると同様に、この西蔵においても人間が棲むようになり、漸次繁殖しつつある所へ、南方印度方面よりは、例えば前説の如く、ルパティの一団などが移住し来り、北方よりはホルHorといわれる中亜民族の来住があり、なおその他よりも若干の種族が入り来り、ここに渾然たる特種の一民族が形成せられ、次第に環境を征服しつつ発達して、遂に今日の如き西蔵種族をなしたものと看做すのである。

以上三説ともそれぞれ特色があって、吾人に種々の研究問題を提供するものであり、それによって、西蔵人が懐ける民族思想と、宗教信念などが察知せられ、殊に未開国と思わるる彼地の古の学者間にも、神話や伝説を離れ、進んで科学的考察を試みんとする、新しい自由な理智性の萌《きざ》しが現れていることを学び得るのである。

〔三〕

次に如上の各説に対する吾人の見解を述べんとするものであるが、そのうち第一と第二の両説に関しては、別章の建国説話、及び古代のボン神教の記述によって、自ずから詮明せられるであろうから、ここでは特に第三説に関して検討する所を少しく記してみよう。今彼の説者が示唆する所に従い、現在の西蔵人種について、試みに外面から観察した容貌上の分類を行うならば、大体三通りの系統を見出すであろう。

即ちその一は、印度アーリアン種の血統を幾分受けついだかと思われる貴族階級と、同じく釈迦種を祖先とする王族の後裔とである。この種族の特徴は、概して身長高く、肢体の均斉がとれ、眼は豊かにパッチリと開き、鼻すジよくとおりて高く、額と顎とが十分に発達し、相好端麗に近いと云い得る。その二は既述の如く、ホルという中亜の来住民を主流として繁殖したものと認められる種族で、普通の平民階級は、殆んどこの部類に属し、西蔵人として、最も典型的な風格の持主である。その容貌の明細について、くどくどしく説くよりも、所謂《いわゆる》蒙古人種に共通せる特色を発揮せるものといった方が早分りすると思う。端的に云えば、吾等日本人種にも酷似せることである。その三は、本来西蔵の土生人種ともいうべき原住民の系統に属するもので、主として下層階級と、辺陬の部落民などよりなるが、遊牧民にもこの部類に入るべきものが多い。これは後にも説くが如く、遊牧者は必ずしも、外来人に限ったわけでないからである。およそこの系統に属する種族は、曾て中亜より来住せし優勢な民族によって、征服されたものの子孫が、大部分を占めているると見るべきである。彼らの風貌の特色を挙げるならば、身丈は概して低く、骨格は小じんまりとして、丈夫そうに見え、皮膚の著しく褐色を呈するは、生活様式のしからしむる所もあろうが、幾分はその本質かとも思われる。顔は大体丸みを帯び、眼は比較的小さくて細く、鼻はむしろ低い方であり、全体の相好から云うと、醜劣に近いといえる。

以上三種の系統中、第一の王貴族種が、数において最も少なく、第三の土生民たる下層種族も、余り多い方でないが、第二の一般平民階級に属する中亜蒙古系のものが圧倒的に多数を占めている。これらの各種族は、現在の西蔵社会においては階級的差別が厳重であって相互間の縁組は、ほとんど行われない。印度の四姓別ほどに厳格なものではないが、現時の我が国における階級別ほど協和的でもない、強いて云えば、我が封建時代の差別状態に髣髴たるものであろう。

〔四〕

以上の如く一応外貌によって分類して見たが、根本的に異人種の集まりでないのであるから、通常一見した所では、吾々同様蒙古種たることの本質においては余り変わる所がない。換言すれば、本来の土生人種または印度アーリアン種の影響は極めて微弱であるに反し、中亜蒙古方面よりの来住種族の発達が最も顕著である事実を物語るものである。なおそれは啻《ただ》に外貌においてのみならず、また彼らの特性によっても、同様の推測が下される。即ち彼らは性来勇敢で、よく困苦欠乏に堪え、環境を支配しつつ、それに適応するの素質を具えている。彼らは至る所の土生民を圧倒し、旺盛なる繁殖力を示したことによって想像される。更に彼らの原始的な信仰状態を見ても、その起原が、北方民族に発せることを知るであろう。或いはまた、彼らは既に古き上世において、優秀なる理智性を発揮し、史上に輝かしき光彩を放つ点から考えても、得体の知れない土生人、または生来の遊牧人とは、同日の論でないことが窺われる。かようにいずれの点から見ても、彼らは驚くべき性能をもつ種族であることが首肯せられると同時に、もしも彼らが西蔵高原の如き隔絶地帯に閉じこめられなかったならば、恐らく亜細亜の歴史も、幾頁かの変更を加えられたであろうとまでいわれる。

〔五〕

然らば彼ら蒙古種の根幹をなせるホル人とは、如何なる種族であるか、またその発祥地は何処であるかという問題を考究する必要が起こる。そもそも伝記に説く所のホルという地方は、大体西蔵の北方に横たわり、中亜以東蒙古に及ぶ広漠たる地域を指すもので、西蔵人の想像する所によると、その中心地ともいうべきは、現在の新疆省方面に当たる。支那の文献にも、漢書西域伝などに想定されてあるように、やはり新疆の西部と見られるから、彼らの発祥地をその方面に求めることは相当の根拠あるものと考えられる。尤もホルという語は、今日では別にホルパ即ちホル人なる呼称にも用いられ、特に西蔵の北部高原をなせる、チャンタン、地方に遊牧する種族を指すが、これは極めて狭義の用法で、ただ漠然と本来の旧名に因《ちな》んだものと見るべきである。故に種族上からいうても、これとかれとは必ずしも同一でない。この差別を明らかにせんが為か、伝記には前者を特にホルミ Hor-mi と記してある。

とにかくホルミ種族は、中亜を根拠として、遠き昔より三・四世紀頃に至るまで、西は欧羅巴、東は蒙満、南は蔵印に及んで彼ら特有の侵略を試み、世界征服の壮図を夢みたる彼の匈奴（Hun）の一族に外ならぬのである。彼らの南下の跡を見るにまず西蔵を攻略して、植民地化せしめたばかりでなく、さらにその余勢を駆ってヒマラヤ山国地帯を併呑し、現在のブゥタン Bhutan, シッキム Sskkim, ネパール Nepal, カシミル Kashmir などの山住民族と交わり、その幾部は更に南進して、アッサムのカシア Assam, Khasia 山脈地方を始めとし、ビルマのカケン Burma, Kakhyen 地方にまで侵出したことが明らかである。

〔六〕

なお西蔵人種の分類法として、遊牧種族と定住種族とに区別する見方もあって、前者は主として北部高原のチャンタン地方における湖沼多き草原地帯に遊牧せるもので、通常これをロクパ、或いはドクパ、（原語は Hbrog-pa）と呼ばれ、あたかも蒙古方面における天幕生活民に相似する処があり、後者は南部地方、即ち西蔵本部を貫流するエルツァンポ河（印度のブラマプトラの上流）の沿岸を中心として、その附近の豊饒なる地方に定住せるもので、最も文化の高き生活を営めるものをいうと。

この説は確かに近世の現状に即したる分類法として、直截簡明なる点において、一見当を得たものの如く見えるが、それはただ彼らの分布と生活状態を基礎とした分類法に終始するもので、根本的に種族上の同異について何ら示す所がないから、分類の意義が徹底しない憾《うらみ》がある。何となれば実際問題としては、既に述べた通り定住者の中にも数種族が混淆してあり、遊牧者というも、必ずしもただ一種族とは限らない。即ち西蔵の往古は、すべての人々が悉く遊牧または狩猟に従事せる種族ばかりであったところが、その後各方面より、種々の異族が移り来った結果、様々の混血種も生じ、生活状態も革《あらたま》り、優秀なものは定住者となり、劣等なものは遊牧の旧態に止まったからである。よってかの分類法は、人種の優劣を分つ基準とはなるが、種類の差別を明らかにする方法とはならない。

〔七〕

これを要するに、現在の西蔵人種の本質を究明するには、もちろん厳密なる人類学的検討の結果に俟《ま》たなければならないが、上来この国の伝記を基礎として、種々考察を廻らした如く、専ら文化史的観点から導かれた結論を求むるならば、今日吾人が所謂《いわゆる》チベット人と呼ぶ種族は、本来その国土生の人種を主流とするものでなく、その昔中亜方面より来住せし優勢なる蒙古系統の種族が、幾分は土生人と混血して発達したものを根幹とするというに帰着するであろう。しかしてその実相を裏書するものは、彼らの習性、信仰、伝説、言語、風俗、習慣、器具などにおける相似点であると思う。

こうした関係から、同じく中亜民族の進出地と目せられる蒙彊、満鮮などの各人種の間にも、若干の共通点を見出されることは当然であり、さらにまた、我が国における古代民族中、他より移住せるものと想像せられる部分においても、一種の脈絡が相通ずる所以は、やはり中亜民族の影響の然らしむる所ではないかと思われるのである。具体的事実の比較は、別章各部にしばしば論及するところによって首肯せられると思う。

第五章　太古の洪水説

（一）

西蔵はかつて太古洪水状態に在ったという伝説が今に言い残されてあるが、スムパ・ケンポ著、パクサムジュンサン（第十二章参照）には、大体次のような意味が述べてある。

昔物語に、印度人のパタンバ・サンゲェ Pa-dam-pa Sangs-rgyas という者が、西蔵に来往すること、前後七回に及んだことがある。最初の時は、西蔵の一面の洪水の外に何物も認められなかったが、第二回目には著しく減水して、無数の大小湖水となって散在し、それらの間は僅かに陸地によって繋がれていた。それは次のような説によって証拠立てられる。即ち国都ラッサの東方およそ三十哩隔った所の、有名なガンデン Dgaḥ-ldan という古刹のある、ゴクパリ Ḥgog-pa-ri と名づける山上で、西蔵新仏教の開祖たるツォンカパ Tsong-K'a-pa 大師が、法螺貝を発掘した場所が洪水当時の水際であったと云うのである。またあるものは、この物語の印度人を以て、史実として存在せし人物なるかのような説を立て、彼の云う所は、決して荒唐無稽の説でないと主張する。しかし当時の西蔵に、文字の記録ある筈がないから、それは疑いもなく、十一世紀初中の交に入蔵せし印度僧で、右と全く同名異人があった事実を捉えて、太古の説話中の人物に擬した虚説に過ぎない、と。

〔二〕

次に今一つの説は、仏教聖典中の文句を根拠として、洪水説を理由づけるもので、即ちそれによると「文殊師利根本密呪」に説かれた如く「吾が世より百年にして、雪有国の湖は減水し、サラの樹林生ずべし」とあるを指摘するものである。右に「我が世より」云々とは、釈迦仏の滅後を意味し「雪有国」とは、第二章国名の解説に述べてある通り、明らかに西蔵の国を指し、「サラ」とは樹名であって、現に印度で Sal-tree と称するもの、漢字では沙羅樹と記し、経典などに散見せられる。通常ヒマラヤ山脈の麓裾に近き亜熱帯地方に繁茂する喬木であって、西蔵高原のような寒冷の地に繁殖すべき植物ではないが、印度の該方面では、至る所に森林をなして叢生するもので、サラ樹と云えば、直ちに森林を意味するほど、印象的な存在である。よって今はただ文の綾として、単に樹林というほどの軽い意味で「サラ」の名を用いたものに過ぎない。右の著者スムパ・ケンポ自身も、それを註釈して云うよう、仏陀は西蔵の新陸地に、杜松などの植物が繁茂するに至る模様を、当時の印度人に分り易く説かんがために、サラ樹に譬《たと》えられたものであろうと。ただしこの杜松類は、筆者が現に西蔵高原にて目撃する所ではすべて矮小なる灌木である。常緑の喬木なき高原では、杜松にでも樹林の例をとるの外はないであろう。

さて右の経文の意によって想像するときは、釈迦時代の西蔵は、最早全面的の洪水ではなく、大小幾多の湖水が連接していた程度で、平坦な広い陸地はいまだ出現していなかったものと思われる。ところがそれから仏の滅後百年もたったならば、一層減水して陸地の大部分が現れ、そこに始めて樹林が生い繁るであろうことを予示されたものと解せられる。右は元来釈迦仏が、西蔵の国土の出現と植物の発生と人畜の棲息などを想定し、ついには仏法の弘道を見るに至るべきことを教示するの目的を以て述べられたものであるが、別の方面から観察する時は只今問題とする洪水説に、有力なる論拠を提供せるものと云うべきである。

〔三〕

太古を以て洪水の世とする伝説は、ただに西蔵国全体として物語られるばかりでなく、また別に局地的にも同様の説が伝わることは、興味ある問題といわねばならぬ。それは別章国名の解説に述べてある「レンジョン」即ち「米実る国」に関するもので、口碑によると、この国の太古は全く海水で満され、その中に只一つの島があった。ある時その島の山頂に、男女の両神が天より降下して、そこに居を占めた。やがて海水は減退して、その跡に広大なる陸地が出現し、神の子孫が繁殖して、世々その国民として居住したと。

この物語は西蔵の場合とはやや趣を異にするばかりでなく、その国の、位置や地勢などから推して、そうした物語の発生する可能性に乏しいことである。しかしこれがため、神話的伝説価値を失うものでない。

〔四〕

さて吾人は今、西蔵高原を中心として、何故にかような伝説が生まれたかを考察するも、強《あなが》ち無意義でないと思う。彼のレンジョン地方の場合はしばらく措《お》き、高原本土について見るに、それは全然架空の作り話でなくして、その起原には、多分に現実的可能性が含まれていることが看取される。それは一種の地文学的推究によるもので、大体次の如き二様の見方が試みられる。

その一は地殻の隆起に基づくとする説で、かつて往古に渺茫として、幾十百万哩の海洋状を呈した地域のある部分が、地殻の収縮とともに持ち上げられたため、大水を湛えたままの高原が、そこに形成された結果と見るものであり、今一つは溜水に基づくものとする説で、陸地に高原を形成し終わってから、その盆形をなした所に、漫々たる水溜ができたとするものである。果たしていずれが正鵠を得たものであるか、ここに断定の限りでないが、地文学上の一般的見地から、その蓋然性を認められる点に変わりはないであろう。

しからばその大水が如何にして減退したかというについて、その一説は西蔵の伝説にも記されてある通り、彼のエルツァンポ河となって、水のはけ口ができたとすることは想像に難くない。また別章の地理概説に示せる如く、高原の辺境に源を発する諸大河が、すべてその排水口となっていることは論ずるまでもない。もっとも当初大水瀰漫の時は、高原一面に及び、水はけ口が相当の高度に止まり、その口幅も狭小であって、排水量は論ずるに足りないほどのものであったろうが、時代とともに、水の浸蝕作用が活発となるに連れて、水のはけ方が激増し、ついに今日の如く、高原全部をほとんど干上らしめ、その跡に大小幾百かの湖沼とともに、内陸流域を残したものであろう。

〔五〕

上述の如き地文学的考察に関しては、近世の探険家諸氏によって、本格的の研究が行われているであろうから、その結論は彼らに譲り、ここに筆者自身が西蔵旅行中、実際に目撃する所について、往古の大水説を裏書するかと思われる若干の資料を挙げてみよう。

まずその一は旧海岸線の痕跡らしく認められる、一条または数条の水平線が、連山の山腹を通じ、一定の高度を保って、くっきりと印せられてある光景である。その二は地表に露出せる岩脈には、粘板岩層や、石灰炭層が多く、殊に後者には貝殻の化石を含むものがある。その三は湖水のあるものは多量の塩分を有し、また一般に湖沼地帯においては、岩塩及び硼砂の類を豊富に産出する。その四は現存の湖沼そのものにおいても、時代とともに、その水面が漸次降下してゆく痕跡が残されている。その五は現在陸地である所が、少なくとも千数百年前には、湖水であったことが文献によって証明されることである。今この最後の事項について、史実の一端を物語らねばならぬ。六世紀末に始めて築かれた、ラッサの王城マーポィリ・ポタン Dmar-poi-ri Po-brang（赤山王宮）は、今日では原頭に屹立せる一巌山に拠て聳え立っているが、築営の当時は、その巌山の直下は、舟の碇繋所であったと云われるから、その辺りが湖水であったことは、ほとんど疑うの余地がない。なぜならば、この王宮はもと印度の南端における観音の宮殿ポタラカ Pctalaka に擬したものであって、その本所が舟繋所を控えた如く、ラッサのポタラカもまた同様の条件を具備せる地状を択んだものに相違ないと思われるからである。現にこれを名づけて「第二舟繋歓喜宮殿」と呼ばれる所以《ゆえん》は、実にここにある。最初これに王城を定めた国王は、観音の化身といわれる如く、その後やはり同じ所を宮殿とせる代々のダライ法王もまた、その化身と信ぜられる事によっても、その由来が首肯される。当時の湖水の存在模様を知る由もないが、現状を以て推測すると宮城山下より東に延びて、その端はラッサの市街地区に及び、南西面の一部はキチュ Skyid-c'u 河と連絡し、舟運の便が開かれていたものと見られる。湖水の大きさは僅《わず》かに一方哩ばかりに過ぎないであろうが、河流との連接においてて、航行の実を挙げたものと解せられる。

なお宮城山下の北側には一つの天然池が在って、毎年釈迦仏降誕の当日には舟遊が催されるが、それは昔舟繋所であった名残りを記念するためのものでないかと思われる。僅か六世紀頃の状態ですら、全く一変して見る影もないのであるから、遠く悠久幾千年の太古を偲べば、蓋《けだ》し思い半ばに過ぐるであろう。

〔六〕

遮莫《さまらばれ》（註・「サモアラバアレ」の約）、吾人はこの伝説に対し、あえて地文学的検討を加えるを以て本旨とするものでない。それよりもむしろ彼ら高原民族が、開闢《かいびやく》以前の状態を、大水の瀰漫せる海洋の如くに見なせる思想そのものについて、彼ら民族の起原と関連する所があるか否かを、一層積極的に考察究明するの要あることを痛感するものである。

我が国の神話における如く、実在せる海洋中に、大八洲が創造せられることは、毫も不自然な物語ではないが、世界の屋根ともいわれる西蔵高原上で、この種の伝説が生まれ出た動機は、果たして地文学的探究のみによって解決せられるであろうか。別章の国名解説及び建国説話にも言及せる如く、彼らの齎《もた》らした物語中には、吾人の考察に価する特異点が、意外に多いことに留意すべきである。

第六章　建国説話

〔一〕

西蔵が史上の一国として、完全に存在を認められたのは七世紀の初葉であって、支那及び印度との密接なる関係が結ばれたに始まるが、伝説を辿《たど》ってそれ以前にさかのぼるならば、遠く紀元前五世紀の頃から、既に物語の一王国として実在せることを否定するわけにはゆかない。ここに建国というはこの国に始めて国王が定められたという単純な事柄を指すもので、厳格な意義でいう所の完全な建国状態をさすのではない。また説話に物語る所の西蔵の開闢と所謂《いわゆる》建国とは、その時機と事相とを異にするが、ここに述べんとする所は、かような差別を立てて論ずるほどの大問題でないから、標題の如き名目の下に、一括して述べるが便宜と思う。

〔二〕

建国説話に関しては、神話的または伝説的に種々の物語があって、各々その見方を異にするが、今は叙述の都合上、次の如く三通りに分つ。即ちその一は彼ら民族固有の信念を基礎とする伝説であり、その二は仏教的に解釈せんとする、前掲と同一の伝説であり、その三は全然仏教主義によって創造された、神話的の物語である。

第一説は西蔵の古代宗教といわるるボン神教徒が、彼らの信仰に基づいて、神秘的に解釈した説話であって、仮にこれを天上神降臨説と名づける。第二説は、その本質を云えば、前説と同一の事柄であるが、それを仏教徒側から観察した想定であるから、これを別個の伝説と看做し、仮に印度王族君臨説と呼ぶ。第三説は、前二説とは、根本的に説き方を異にするもので、全く仏教徒によって構想された神話に基づくものであるから、これを仏教説話または単に仏話と称することにして、以下順次に詳述に及ぶであろう。

〔三〕

（A）天上神降臨説。西蔵史書の一として著名なる、パクサムジュンサン（第十二章参照）によれば、往古西蔵のヤールン Yar-lung（＝Yar-klung）と名づける地方の一高峯の頂に、ある日異様の人影らしきものが突兀《とっこつ》として現れたところを、折しも国神《ユルハ》（Yul-lha）に祭祀を行える、十二人の里人らが見つけて「汝は誰人なりや、また何処より来りしや」と尋ねたところが「我は王者《ツェンポ》 Btsan-po なり」と答えつつ、指先にて天空をさし示したから、里人らは彼の科《しぐ》さを以て、天上より降臨せしものとの意味に解し、これこそ西蔵の国王として戴くに適わしいものと思い、すなわち彼らの肩輿に載せて奉迎し、直ちに王位に据え、名づけて「肩輿王者《ニャティツェンポ》」Gnya-k'ri-btsan-po と称し、西蔵国を総統する最初の国王となし、自今代々その子孫を以て、王位を継承せしむべきことと定めたといわれる。この事相に関して、或る一派の人々は、特に一層その神秘性を、明瞭に言い表わさんと欲し、彼の山上に現れた異形のものは、疑いもなく神子であって、大ボン神の在す、ムユル Rmu-yul と名づける天上界より君臨せしものに相違ないというのである。いずれにもせよボン神教徒は、専ら天降説を確信するもので、彼ら自身が既に神族の後裔であるように、国王もまたまさに神子であらねばならんと、解釈する心想に変わりはない。

この伝説については、筆者持ち合わせの文献では、最早これ以上の事を知る由もないから、詳しくは後日の研究に譲り、少しく右の文面に現れた地名に関して説明を与えねばならぬ。まずヤールンというは、現に西蔵本部の南方に当たる地方で今日ではホカ Lho-k'a と呼ばれる。「ホカ」とは、南部方面または単に南部という意義であるから、これを「南国」と呼んで然るべき所である。高原中豊饒の地として名高く、農産に富み、住民繁く、古より西蔵貴族の発祥地といわれる。ヤールンとは即ちその古名であるが、語義は「上方国《カミガタ》」と訳される。これは恐らく天上界に因《ちな》んで名づけられたものであろう。次に天上神が降下したといわれる高峯の名は、「上方神降下の神嶺《ヤルハシャンポイハリ》」Yar-lha-šam-poi-lha-ri と称せられ、現存せらる一高雪嶺である。その山上には天然の大巌窟があって、ボン神祖を祀る。上古よりボン神教を信奉する歴代の国王は、死後霊魂状態に在るとき、この巌窟に入り、そこから天縄をつたうて天界に帰還したといわれる。ここに天縄というはムタク Rmu-t'ag と名づけるもので、その詳しい説明は別章「古代の凡神教」に譲る。

〔四〕

（B）印度王族来臨説。これは前説にいう所の、彼の異様の人物を以て、印度王族の一人が入蔵し来ったものと見るもので、後世仏教伝来に及んで、仏教徒によって推定せられる所である。伝説によれば昔印度のパドサラ Bad-sala という国の一王子として、顔や手に異状のあるものが生まれた。仙人に観相せしめたところ、それはやがて王家に禍が来る前兆であるとの占断が下された。そこで国王は無慙にも、その王子を銅器に封じ込んで、恒河《ガンガ》に流棄した。一農夫がこれを発見して救い上げ、自分で養育したとも、或いは山庵の隠者に与えたともいわれるが、とにかく王子は成長の後、ある時身の上話を聞かされて急に驚怖を感じ、再び我が身に危険が逼《せま》るであろうことを気づかい、早速そこを逃れ去って安住の地を西蔵に求めた。かくて一日彼のヤルンの高峯に達したとき、里人らに発見せられ、誰何《すいか》を受けた。その際彼はただ指を天に指すだけで、何の言葉をも発せなかった。里人らは思うように人語を言わずして、厳かに天を示すものは、恐らく人間以上の何物かに違いない。吾等の国王に戴こうではないかとて、肩輿によって奉迎したといわれる。

さてこの説話において、表面上何ら仏教的色彩を鮮明に顕わしていないが、察するに当時仏教は印度に起こって間もないことであり、またそれが西蔵に伝わっていなかったがためでないかと思われる。然らば何を以てこれを仏教徒の推測説と看做すかというに、凡《およ》そ印度王族といえば釈迦仏の出た刹帝利種《クシャトリヤ》に属する関係で、王統継承上からいえば、密接な因縁が結ばれるからであろう。而してこの信念を裏書するものは、仏教聖典「文殊師利根本密咒《ジャベイツァギウ》」Hjam-dpal-stsa-rgyud における、釈迦仏の予言であって、即ちそれによると、西蔵国の王統は、「釈迦種族のリツァビ Li-tsa-byi（Licavi）より出づ」との明文が示されているのである。

〔五〕

（C）仏教説話。前の二説とは全く趣を異にするもので、その物語の発端は、仏教信念に基づく、一種の神話から出ている。それはしばしば引用する彼の聖典マニカンブム（第十二章参照）の所説に、西蔵の国土と、住民と、君主との三位が、仏意によって神秘的に一体となるべきことを示されたによる。ここにその梗概を摘記するならば、大体次のような意味となる。『ある時、極楽国土の仏主阿弥陀如来は、その仏子たる観音菩薩に命ずるよう、汝はこれより無仏の地たる雪有国に降臨し、彼の国の衆生のために、仏の教化を垂れよと。観音はすなわち仏命に従い、極楽を辞去し最初にこの世界に足跡を印せられた所は、南印度の突角地点、補陀洛《ポタラカ》 Potalaka の山上であった。観音はそれより直ちに西蔵に赴かんとしたところが、その国は全く闇黒に包まれ、凄愴にして、真に百鬼夜行の状態にあり、何処にも未だ人類の棲息するような模様が窺われなかったから、そこで仏光の照耀を放って、国中を輝かし、神通力によって、観音菩薩化現の猿猴王を創造した。ところが、陀羅女天の権化といわれる羅刹女鬼がいて、彼の猿王菩薩に懸想して止まなかったので、観音は両者をして、終《つい》に夫婦の契を結ばしめた。やがてその間に六種類からなる化物のような子供が生まれ、それからまた、猿でもなく、人でもない間の子が無数に繁殖した。観音は種々の方便を以て、それらを教化し、特に仏法の十善行を修めしめた結果、彼らは漸くにして人間として生まれ変わることができた。彼らは観音から授った、七種の穀物の種子を、所謂《いわゆる》「中国」の地に播き、年々豊作に恵まれたから、食物には何不自由なく、極めて平和裡に仏道に精進し、終には、善良なる西蔵国民として子孫の繁栄を見るに至った。かくて彼らの最初の国王として、印度より王族の君臨を見ることとなったが、しかしなおその後幾世紀間か、仏の教化を蒙むるに至らなかったので、観音は再び化身して、第三十三代の国王ソンツェンガムポ Srong-btsan-sgam-po として現れ、印度より仏教を移入して、伝道に努力した。』と。

この説話は、まさしく西蔵開闢の実相を明らかにするもので、西蔵の国体とその国民精神の本質などを窺う上に、唯一の基礎となるものである。

〔六〕

（D）仏教説話の考察。西蔵の開闢について、上述の如き物語が仕組まれた所以が、果たして那辺にあるかを窺うに、説話創造者の意図は、西蔵国の出現を以て、全く神秘的のものとなし、深妙なる仏意によってその国土、住民、君主の三位が、渾然として一体に融合せるもので、まさにその世界において、他に比類なき神聖国たることを示すにあることが、容易に想像されるのである。西蔵国の開闢もしくは建国の物語として、右のように仕組まれたことは、当時の国情から推して、実にかくあり得べきことと首肯せられるもので、あえて奇異の感を懐くわけでないが、吾人がやや疑問とする所は、彼の説話の当面が、全然仏教主義に立脚せるかの如く見えて、内実は西蔵固有のボン神教精神に基礎を置かれたものとの解釈が生ずることとである。如何となれば、元来通仏教論から云うと、およそ世界の国土人民観というものは、この説話の精神に表われた所とは、根本的に相容れないもので、彼の三位一体の主義の如きは、むしろボン神教の信念を根底として、それに仏教の仮面を被せたに過ぎないからである。即《すなわ》ちボン神教では、万有を以て大ボン神の創造に帰するから、三位一体の観念も自ずから生じてくるのである。今この見方に基づいて、試みに彼の説話における構想を分解照応せしめるときは、次の如き興味ある対比が見出される。即ち仏教の極楽浄土とあるはボン神教のムユルという天上界に当たり、阿弥陀仏というは、大ボン神のことであり、極楽より下界せし観音とは、天国ムユルより降臨せし神子を指したものである。

なおその外に、例えば暗黒世界を仏光によって照破するとか、国土豊饒にして七穀がよく実るとか、王統が代々相継ぐことなど、仏話や伝説を通じて散見せられることは、明らかにボン・仏両教融合の実相を物語るものに外ならぬ。かくて上来別個に取り扱った第一第二の両伝説も、結局その根本思想にさかのぼれば、この第三の説話と本質に変わりのないことを知るのである。

〔七〕

惟《おも》うに、西蔵人の建国思想は、開闢以来、仏教伝来に至るまでは、純然たるボン神教の信念を以て基礎とせられたが仏教が信奉せられるに及んで、それは巧みに仏教色を以て塗り換えられたと云い得るであろう。かくの如き特殊の混成信念が、何時《いつ》しか西蔵国民の精神を一貫するようになって、あたかもそれが彼らの固有思想であるかのように表現されていることは事実である。後世仏教が隆盛を極めた時代においても、ボン神教は依然として行われ、今日なおその歴然たる存在を認めらるる如く、彼らの信仰中に牢固として抜くべからざるものがあるは、畢竟《ひっきょう》これがためである。

因みに、建国時の年代については、別章「国史略説」に述べるところがあり、またその当時における国名の推考に関しては、「国名の解説」において論及してあるからここには省略する。

第七章　国史略説

〔一〕

凡《およ》そ西蔵国史の特質を明らかにするためには、この国の太古の状態、民族の起原、建国の説話、古代の宗教などの各種の方面より考察を始めて、一般的史実に及ぼすことを必要とするが、それらは問題自体が既に特性を帯びているから、それぞれ別章を設けて特説せるが如くである。従って本章では、単に歴史的経過の概要と、それに附帯せる簡単な叙述を試みる程度に止まるから、国史としての真面目乃至《ないし》史上に躍動する国民精神を、十分に言い表わせない欠陥を如何とも致し難いが、それは他の各章の関係事項、特に「仏教伝通」の所論などを参照することによって、補助せられる以外に途《みち》はない。

〔二〕

史実を叙するに先だち、順序として、それ以前における伝説時代の経過の大要を述べて、推移の模様を明らかにせねばならない。最初建国の有様は別章の如くであるから、今その年代について言及するならば、西蔵史家の間にもこれに異論があって、いずれを妥当とすべきかに迷わざるを得ないが、しばらくスムパ・ケンポ（第十二章参照）の推算する所に従って、これを西暦に換算するときは、紀元前四七七年に当たる。もとより無文の伝説時代の出来事を辿って推算したものであるから、甚だ漠然たるもので、果たしてどの程度まで信憑すべきかを知らないが、この時期は偶然にも、吾人の想像せる釈迦仏入滅の年代に符合している。ただし、西蔵史学らの考えている仏滅時は、右よりもさらに数世紀上代にさかのぼるもので、彼らとしては両者を同時期と見ないことは勿論である。ただ吾人の研究問題として、それが合致しても不当とはいわれない。仏典にもしばしば雪有国即ち西蔵に関する所説があって、当時既に同国の存在を指摘し、後世そこに仏教が弘まることを予示されてあるから、仏滅期と建国時とが著しき懸隔あるものとは想像されない。兎に角その当否の問題はしばらく措き、仮にスムパ氏説を以て建国の年代と見なしておく。

〔三〕

さて伝説に物語る如く、始めて西蔵を統治する国王は、天上界「ムユルの」国から降臨した神子であるとも、或いは印度より来蔵せし釈迦種族の一王子であるともいわれるが、いずれにしても西蔵が総統する王者を戴くことによって、王統の基礎が定められたことは、ほぼ真相に近いと見られる。爾来歴代の王名を列挙せるばかりでなく、各時期の区別や、顕著な出来事を特記する模様は、たとい伝説とはいえ全然でたらめとは思われない。まず王代について示すならば、上天七王座《トウナムキティドウン》 Stod gnam-gyi-k'ri-bdun, 中間二王座《バルキディンニ》 Bar-gyi-ldin-gnis, 地善六代《サイレトク》 Sai-legs-drug, 中間八王位《バルキデゲェ》 Bar-gyi-lde-brgyad 下位五代《メエキツェンガ》 Smad-kyi-btsan-lnga と称せられる合計二十八王の時代を過ぎさらに次の四王代を経て、累計三十二代を以て伝説時代の一期を画し、年を閲《けみ》すること実に一千有余、即ち紀元前四七七年より紀元後五五七または五六九年に及ぶといわれる。この長き時代を通じ、未だ文字が発明されていないから、世々に伝える所は、総て口碑に非らざれば、記号、符諜、絵文字などによったものでもとより精確は期せられないが、そのうち顕著なる事柄を拾ってみると、当初の人々は主に狩猟や遊牧をなして原始的な生活を営んだ。しかし必ずしも水草を追うて移転したものでなく、或るものは穴居または石室を設けて定住せしものもあったことは現存の遺跡から想像される。彼らには相当な宗教心が存在していたことは、夙にボン神教の伝播せる模様によって察知せられる。第八代王ティクムツェン Gri-gum-btsan の代には、刀剣甲冑などの武器が始めて使用せられた。その時の大臣が国王を弑せしことに基因するといわれる。石器類の使用はそれ以前から行われていたことは疑うの余地はないが、鉄器類の発明は、恐らくこの時代を以て嚆矢とするであろう。次にプデクンゲェル Spu-de-kung-rgyal の代には城塞の築造が興った。

なお以上両王代を通じて特記すべきことは、一は採鉱法の開始で、金銀銅鉄などの金属を得たといわれ、今一つは農耕法が創始されたことである。鉱農二法が、ほぼ時代を同じうして行われたことは、聖典マニカンブン（第十二章参照）の仏話に示唆する所と対照して、興味ある問題と見られる。農業の意外に遅れていることは、気候関係のしからしむる所と思う（第三章参照）。降って第二十八代王ハトトリニェンツェン Lha-t'o-t'o-ri-gnyan-btsan の代には、印度の学僧らが仏教宣伝のため来蔵したが、十分目的を達せずして去ったとある。その後さらに四代の王統を経て、伝説時代は漸く終わりを告げた。

〔四〕

第三十三代国王ソンツェンガムポ Sron-btsan-sgam-po の代に及んで、始めて史実の範囲に入った。この王の年代に関しては、西蔵史家の間に少しく、異論があるが、記録の正確を以て有名なるテプテルゴンポ Deb-t'er-sngon-po（第十二章参照）の所説に拠って、それを西暦に換算するときは、五六九―六五〇年となる。支那では隋の煬帝から、唐の高宗即位の年に及ぶ。就中唐太宗の代には、支蔵交渉の顕著なる事実に鑑み、彼此年代の考証容易なることから、その点に重きを置いた前記テプテルゴンポ説の年代が、より正確と思われる。

ソ王の前半生においては、西蔵はなお無文未開の状態にあって、主として農牧を生業とするものの外は、武士として内外の攻略を事とした。その性勇敢にして殊に遠征を好み、或いは南方ヒマラヤの険を踰えて、印度尼波羅《ネパール》を侵し、或いは東方遥かに千里の山河を飛んで支那の西安までも脅したものである。遠征の結果国威を輝かしたことは云うまでもないが、ソ王自身が、印度や支那の先進文化から受けた影響の甚大であったことを見のがしてはならぬ。それは彼の後半生における、国策の大転向を意味するもので、即ち外邦侵略の蛮勇を一蹴して、和平文化の建設に邁進することになったわけである。未開の西蔵に、真に文化と名づくべきものが起こったのは全くこの時代からである。別章「仏教の伝通」にて述ぶるが如く、文字及び国文法の創制、仏教の移入、仏典の翻訳、教義の研鑽、仏殿の建立、国法の制定、生活様式の改良など、燦然たる輸入文化の勃興は、まさに春陽に百花爛漫たるの概があった。実に当時における如何なる出来事も、一として空前の大飛躍を物語らないものはない。

〔五〕

ソ王の後百九十年を経、王位を累《かさ》ぬること八代にして、第四十二代国王ランタルマ Glang-dar-ma（八三六―八四一年）に至るまで、特筆すべき重要事項は少なくないが、そのほとんど全部が仏教に関するものであるから、詳細は別章「仏教の伝通」に譲る。凡《およ》そ西蔵国史の根幹をなすものは、仏教史なりというも過言でなく、殊に古代と中世の史実においては、両者は殆んど不可分である。故に本章の如く国史を本筋として述べる場合でも、或る程度までは仏教史の領域に踏み入らざるを得ない。両章を通じしばしば重録の観を呈するはこれが為である。

さて前掲のラ王は、仏教文化の破壊者、社会秩序の紊乱者として、終《つい》に一臣下のために弑せられ、王子は二人あったがいずれも西蔵国王としての位を襲ぐことを許されず、辛うじて地方的の小分王として王統の絶滅を免れた。第一代ニャ王以来約そ千三百十七年間、連綿として継承された釈迦種系統の西蔵王家も、ラ王を一期として、終に分裂の余義なきに至った。

因みに、王代の順位について附言すべきは、第三十三代のソ王は、在位の中間において、一時その位を王子のクンツェン Gung-btsan（或いはクンソン Gung-srong ともいう）に譲り、その後再び復位せしため、もし代位の順番を算するときは、ソ王は二度かぞえられることになる点を注意すべきである。

〔六〕

西蔵を総統する国王を欠いた後は、群雄各地に割拠して覇を争い、爾来久しく戦国状態が続いた。十世紀の初葉より仏教は復興期に入り、所謂「後通《チタル》」に至る過渡期をなし、十一世紀には仏教弘通の基礎いよいよ鞏固となった。しかし十二世紀には諸教派の分裂が始まり、互いに教勢拡張のために抗争を起こした。折しも覇業の争奪に必死の奮闘をなせる諸侯は、この機に乗じてそれぞれ各教派の宗勢力を利用した。これがため内乱は益々助長せられ、国力の疲弊は免れなかったのみでなく、終に蒙古や準葛里《ジュンガル》などの隣国をして、侵略の機会を狙わしめた。

十三世紀の初葉には、蒙古の成吉思汗《チンギス・ハン》（即ち西蔵名にてジンゲル Jin-ger）の来寇があり、同じく末葉には、忽必烈《フビライ》（西蔵名セチェン Se-c'en）の攻略に遇い、西蔵は一時彼の支配下に属するに至った。当時最も優勢なる教派として知られたるサキャパ Sa-skya-pa の一教主、ロトゥゲンツェン Blo-gros-rgyal-mt'san は、元朝の迎うる所となり、所謂パグスパ（後註参照）なる名を以て呼ばれ朝野の尊崇を受け、帰蔵後、世祖より西蔵の総統権を附与せられた。

〔註〕＝パグスパとは西蔵語パㇰパ Hp'ags-pa の訛音の一種で、通常八思巴なる漢字で音表する。西蔵でいうサキャパㇰパ、Sa-skya-h'ags-pa の略称である。

〔七〕

十四世紀末より十五世紀に及んでは、仏教の大改革が行われ、新教開祖ツォンカパ Tsong-k'a-pa によって唱えられたる、所謂黄幅派 Sa-ser-pa, 即ちゲルクパ Dge-lugs-pa（粛正宗派の義）の興起を見るに至った。十五世紀の初めには、支那では元亡び、明の世となり、西蔵は一時その圧迫を蒙ったが、やがて蒙軍等の後援を得て、明の併呑を免れた。同じくその後半期に至り、新教派の教主が断然優越なる地位を獲得し、教主にして観音の化身と信ぜらるる聖者の出づるに及び、西蔵の国体の本義に立ち還り、国王位の世襲に擬して神聖教主が転身再生することによる法王位の冊立継承法が始められた。これが今日の西蔵法王制の起原をなすものである。（補遺「ダライ法王の冊立」参照）

かくて第十六世紀の中葉に及び、蒙古王のアルタン Al-t'ang は、法王第三世ソナムギャムツォ Bsod-nams-rgya-mt'so に対して"Ta-lai-bla-ma Bazra-dhari"という称号を附与した。爾来蒙古及び支那方面では、すべてこの呼称を用うることになり、通常これを略称して、単に"Ddlai-Lama"と云い、漢字に音写して、「ダライ・ラマ」と記した。（補遺「ラマの語義」参照）

次いで十七世紀の中葉、第五世法王ロプサンギャムツォ Blo-b̲sang-rgya-mt'so の代に、蒙軍の将、固始汗《グシ・ハン》 Gui-śri-han（西蔵名にてテンヅィンチゥゲェ Bstan-b̲dzin-c'os-rgyal）が、一時西蔵の主権を掌握したが、その後これを第五世法王に譲ったことから、法王は教権の外に、君主権をも兼有するの例が開かれた。

〔八〕

明亡びて清の世となり、一七二〇年、西蔵は終《つい》にその独立を失って支那の属国となった。清朝は法王の勢力を抑え、属領としての実を挙げんがため、十八世紀の初（一七二四年）に、所謂駐蔵大臣として、二人のアンバン（An-ban）なる職を置き、これに数千の精鋭なる護衛兵を附し、武威を示して法王を屈伏せしめ、辛うじてその君主権を取り上げた。しかしこの事実は永く西蔵人に秘し、しかも一方においては清帝（世宗？）自ら法王に帰依する信者なりと称し、或いは在支の西蔵僧を優遇するに務め、また年々少なからぬ贈物を法王に致すなど、専ら懐柔策に腐心する所が多かった。唐朝以来、代々の王朝が西蔵の領有に功を奏しなかったにも拘わらず、清朝が独りよくその目的を達し、前後二百年間の久しきに亙って確保を全うし得た所以は、全くその対策の宜しきを得た結果である。

惟《おも》うにかくの如き成功は、もとより工作の如何にもよるものなれど、今一つは清朝が満人であるということがそれを贏《か》ち得たわけで、漢人種などの能く及ばざることを察せねばならない。なぜならば、西蔵人は古来満蒙人に親しきに反し、漢人種に対しては甚だ疎きことがその一因をなすもので、彼らは民族的に満蒙人と同族であると信ずるが故である。（別章「民族の由来」参照）蒙古の如きしばしば西蔵に覇を称えたことも右の理由によるが、彼らの朴衲な政策は、到底清朝のそれに及ぶべくもない。また元朝を立ててからも、それ自体が永続しなかったためでもある。西蔵国史の検討上、参考のために一言附記しておく。

〔九〕

十九世紀の末葉に及び、西蔵は漸く欧西国との間に、新関係を生ずるに至った。帝制ロシアが極東政策の一として、西蔵を狙ったことがその始まりである。異人種異教徒排斥の大本山を以て目せられる西蔵法王庁が、何時しか親露派を以て充満し、ダライ十三世自身がニコラス帝に款を通じたことは、一時清朝を驚愕せしめた。当時ロシアは、一方満鮮に進出するとともに、他の一方においては頻りに西蔵工作に乗り出し、あわよくば英領印度を衝かんとするの態勢をとった。ロシアの西蔵対策として最も著目に価する方法は、ラマ教を極力利用することによって法王を心服せしめ、西蔵操縦に自由手腕を揮うたことである。その効果の偉大であったことは、法王自ずから進んでロシアの保護国たらんことを希望した事実に徴しても明らかである。露帝の密使として常に活躍したブリアト人の傑僧ドルジエフ Dorjieff が、曾て飛ぶ鳥をも落すといわれたほどの支那駐蔵大臣を尻目にかけて堂々と法王庁を切り廻し、清朝をして唖然たらしめたことも、宗教政策の威力を物語るものに外ならぬ。しかしながらロシアの窮極の日的は西蔵を支那より奪い去ることでなくして、これをイギリスの手に委ねしめしないようにするにあることを、清朝に十分了解せしめたため、清は或る程度までロシアの西蔵工作を容認するの態度をとった。もとより清国としては予て警戒せるイギリスの野望を封ずるの手段にそれを利用せんと試みたばかりでなく、これを機会として印蔵国境の防備を一層厳重になし、国境貿易の方法を制限して著しく不便ならしめた。イギリスは早くもこの間の消息を看破し、清がかくの如き強硬態度を取る原因は、疑いもなくロシアの使嗾に基づくものとなし、さりげなく清国政府に対してしばしば厳重なる抗議を送った。清は露の後援を恃《たの》んで、常に言を左右に托して確答を避け、イギリスをして極度に憤慨せしめたものである。

かくて二十世紀に入るとともに、東亜における日露の関係はいよいよ危機に迫り、まさに開戦の不可避を伝えらるる時、イギリスは好機逸すべからずとなし、終《つい》に最後の手段に訴え、表面的には、清蔵に対し詰問する所ありと称して、強力なる遠征軍を西蔵領内に進めた。これが即ち一九〇三・四年における英蔵事変で、所謂ヤングハズバンドのミッションと呼ばれるものである。その際清国は事件の責任を悉く西蔵の所為に帰せしめ、自国軍を撤収し、専ら蔵軍のみを以て英軍に当たらしめた。国都ラッサ危しと見るや、ダライ十三世は、彼のドルジエフ顧問に擁せられ一旦蒙古に落ち延び、次いで支那に移った。一九〇四年八月、ラッサの陥落を以て戦局は終息した。支那は結局イギリスの要求を容れて特別通商権を認めまたロシアに対しては今後一切不干渉の立場を執《と》るべきことを約した。一九〇六、七年における各条約は、その間の消息を明らかにするものである。

〔一〇〕

清朝の終末と共和革命の機に乗じ、西蔵はイギリスの後援を恃《たの》みて独立を企図したところが、早くも支那（袁世凱政府）の見破るところとなり、優勢なる四川軍の来襲を受け、やがてラッサは彼らの手に帰した。曾て支那亡命より帰蔵して間もなきダライ法王十三世は、再び国都を追われて、今度は英領印度に逃避した。西蔵はイギリスより武器弾薬の供給を得て徐々に逆襲作戦に転じ、辛うじて支那軍を国外に駆逐することを得た。一九一四年の印度シムラ会議により、今後の西蔵問題を解決すべき条約が締結されたが、終《つい》に支那政府の批准を拒否したことから和平の望みは断たれ、緩漫ながら事態は悪化の傾向を辿り、爾来支那は西蔵の東部及び東北部を完全に占領して西康・青海の二省を確保するに至り、西蔵は独立自治を標榜して全然支那の支配より脱したから、支那の宗主権なるものは、ただ名義上のものとなり終わった。一九三三年末にはダライ十三世は世を去り、一九三九年には第十四世新法王の冊立を見た。（補遺「ダライ十三世と東亜の変局」参照）その後この国の情勢には著しき変化を伝えられないが、なお依然として厳重なる封鎖状態に置かれているから、詳報を得る由もない。

（備考）一般に世の史家は、西蔵国史の起原をソンツェンガムポ王の年代に置くが、西蔵の史家はハトトリニェンツェン王までさかのぼる。それは西蔵に始めて仏教伝通の縁が萌した時を以て紀元を画するからである。即ちこれを西蔵暦に換算すれば二五六年に当たる。一説には二四四年と計算するものもあるが、西蔵政府の公文書には前説を採用する。

第八章　古代の凡《ボン》神教

〔一〕

西蔵土生の原住民族が、最初如何なる信仰をもっていたかについては、何ら伝えられるところがないが、紀元前四、五世紀頃、即ち建国当時における西蔵民族が信仰していた宗教は、所謂《いわゆる》ボンBonであることは、伝説によって明らかにされている。凡《およ》そボンとは如何なる宗教であるか、何時頃如何にして起こったかという問題を、根本的に究明する必要を感ずるものであるが、今その文献やその他の資料を集めることが容易でないから、本格的の研究は他日に譲り、現在普通に世に行われている見解に従って、観察する所を少しく述べるであろう。もっとも新興のボンに関しては、比較的完全な聖典があって研究に事欠かないが、ここに目的とする所は一に古代の宗教を窺い、西蔵民族本来の信仰を考察するにあることを前提とする。

〔二〕

ボンの起原について識者の想像する所によれば、かつて中亜蒙古方面より来住せし、所謂ホル人（別章続「民族の由来」参照）が齎らしたシャーマン教（Shamanism）が西蔵原住民族固有の信仰と結びつき、特種の一宗教となって発達したもので、それに対して「ボン」という名を与えたといわれる。而してボンとは、彼らが主神と仰ぐ全能の天上神の名ともせられるが、その語自体の由来を明らかにしない。果たして西蔵語であるか、或いは外来語であるか、未だ決定的の論断が下されていない。仮にそれを普通の西蔵語と見なして解釈するときは、「誦称す、低唱す、言い表わす」の如き意味で、一の動詞語であるが勿論抽象名詞義に訳しても、不可はないであろう。もしもそうした見方が許されるならば、彼ら教徒が神に対して祈禱するとか、または呪文などを唱えるという意味を起原としたものではないかと思う。或る欧西学者中には、この語を以て西蔵語のプゥンDpon（長官、主司、主宰者の義）と同義語であるというものと、或いはまた、梵語のPunya（純行者の義）の訛音と解する説もあるが、いずれに対しても、直ちに賛否を表し兼ねる。西蔵語と見る場合は、文語綴はボンBonであっても、その口語上の発音は、中央ラッサ語音によるときはプゥンPön（Pün）となる。しかしボンという発音が正しく、またそれが世に知られているから、今もそれに従い、特に本章の標題は漢字に音写して、仮に「凡」の字を当て神名または神教なるが故に「凡神教」としたわけである。

〔三〕

ボン神教は、その由来が示す如く、一定の時期を画して弘まったものでない。伝記に現れた所では、紀元前四、五世紀頃には相当伝播していたことが知れる。それから紀元後の七世紀初葉に仏教が伝来するまで、凡そ千有余年間に亙って全蔵に独占的発達を遂げたことは疑うの余地がない。その期間におけるボン神教こそ、実に西蔵最初の国教として最もよく特質を発揮せるもので、彼らの民族精神または国民思想に反映するところは少なくない。しかし仏教伝来後のボン神教は、教義の形式を印度哲学に模倣したため、固有の本質は著しく蔽いかくされ、古代民族の信仰を窺うにはやや不十分なものとなった。

伝説時代におけるボン神教の弘通状態は、もとより詳しく知る由もないが、伝記によると、西蔵一般の民衆は勿論、代々の国王もまたその篤信者であったばかりでなく、むしろ、大ボン神の代官であるかの如く崇信せられたに違いない。なおその宗風が時代とともに変遷を見たことは、宗派名としてヅュプゥンHdzol-bon, ナムプゥンGnam-Bonなどが挙げられていることによって知られる。

〔四〕

七世紀の初葉、印度仏教が移入されると同時に、君民ともに仏教に傾倒せしため、ボン神教は一時衰退するの余儀なきに至った。殊に国都ラッサを中心とする西蔵本部においては、ほとんどその影を潜めたといわれる。しかしながら、千有余年の久しき間、国民精神の中枢たりしボン神教のことであるから、たといその外形は全滅に瀕したとしても、彼ら祖先以来人心の奥底に深く入り込んでいる根本信念は一朝一夕にして容易に抜け去るものでなく、何時しか仏教の信仰に形を托して早くも精神的に復活するに至った。殊にその新教義として、別に印度哲学の思想を取り入れたことによって面目を一新し高尚となった宗教は、実体的復興の機運を早め、今やその勢力の侮《あなど》るべからざるものがある。仏教が西蔵の中央において君民一般の信奉を集め、国家的正教たるの威厳を持するに対し、ボン神教は固有の民族宗教として、主として地方に勢力を扶植し、一般的には陰に陽に世俗上下の敬神思想の維持を担当するかのようである。故に純正の仏教徒と称するものにても、彼らの信仰の内容を仔細に吟味するときは、その根柢において、ほとんど無意識的にボン神教の信念の融合せられたる模様が認められる。

かくの如きボン仏両教の関係は、あたかも我が国における神仏両道のそれに近似する所があって、彼此その地位を異にこそすれ、信仰の姿の上では共通点あることは見逃せない。我が国では曾て本地垂迹説を唱えて神仏信仰の融合を謀ったが、西蔵ではかような標語はなくとも、当初より期せずしてボン仏の一致を見たのである。この両教は表面対立していても、信仰上では彼意の意識すると否とに拘わらず、不思議にも都合よく、彼此相容認せられることは、古の文献にも今日の実情にも、その証跡を見ることが少なくない。その実例は本記の各所に散見せられるから、ここに贅弁を差し控える。

〔五〕

新興ボン神教の研究には、第十二章「西蔵学とその資料」中に掲げた如く若干の参考書を見るが、無文の伝説時代の古ボン神教には、もとより文献資料の伝わる筈がないから、以下に述ぶる所は彼ら教徒の物語と、その遺風などに対する観察に基づくものであることを附言する。

そもそも彼ら教徒が、信仰の対照とするものは、ムユㇽと名づくる天上界の大ボン神と見られる。而してそれが中心となって、あらゆる諸神が従属せるものと解せられる。また宇宙の森羅万象に対しても神的精神の存在を認め、それらは凡《すべ》て大ボン神によって統一されているものと信ずる。就中《なかんずく》人間と大神との関係は最も緊密な間柄にあるもので、例えば人間が受ける所の天福冥護も災厄殃禍も悉く神意の発動に基づくものであるから、人々は常に咒咀祈禱、祭祀供饌を以て神意を慰め、天命を全うしなければならぬとする。

ボン神の教を説き、また神と人との交渉を媒介するなど、仏教の僧侶の如き役目を司るものを、通常ボンプゥンBon-dpon（ボン神官の意）という。それは現に今日秘密仏教に見らるる所の、カクパSngags-pa（密咒師の意）に酷似する所がある。彼は神聖なるボンの使徒であって、一度呪文を唱えたならば、よく神変力を体得し、それを発動せしめるときは、或いは人間界の病患危難を除去し、或いは自然界の風雨震雷を抑止することができるといわれる。また俗に「神降」の秘法とて、口に高らかに密咒を唱えつつ、身を乱舞狂躍せしめて終に昏倒するに至れば、すなわち神がそのボン神司に乗り移りたるものとなし、その時彼の言葉を藉って種々の神託が告げられ、或いは彼の神通力によって、厄禍が祓われるとするのである。こうした点から、ボン神教がシャーマン教を淵源とするものと見られる所以《ゆえん》であろうと思う。

〔六〕

彼ら教徒が理想郷とする所は、ムユㇽRmu-yulと名づける天国で、大ボン神が諸神の上に君臨する神界を指す。彼らの祖先もまた既に神と化して、ともに天上生活を楽しむものと思惟せられる。諸神が天空を遊履し、また地界を交通する場合には、ムタㇰRmu-t'agと称する霊縄をつたうのである。ムタㇰとは「ム」と名づける天国のタㇰ（縄）の義である。それはもちろん吾々人間の肉眼で見たり、手に触れたりすることのできないものであるから、霊縄、天縄、神縄などといわれる。この縄は啻《ただ》に神々の行空用に供せられるばかりでなく、また別に一種不可思議の威力をもつ神器として利用せられる。例えば悪魔、邪鬼、厄神などの跋扈跳梁を束縛し、防禦し、抑圧し、駆逐するなどの目的に使用せられるが如きである。

ところがこの縄の観念を、人間界の実物によって表象することが何時の頃よりか考案されて、現に神飾の縄として用いられ、その名もやはり原縄に因んで「ムタク」と呼ばれる。それはちょうど我が国における注連（七五三縄）に相当するもので、その綯い方、様式、用法、目的、意義など、彼此殆んど相違する所がない。強いて区別を立てるならば、彼の神縄は様式の変化に乏しいこと、形体の貧弱なこと、縄の原料が必ずしも藁でなく、他の草類、または樹皮なども用いられることである。もっともその点は西蔵の如き、この種の物資に恵まれざる所では、止むを得ないことと考えられる。縄に一定の間隔をあけて、綯い目より垂れ下げる布切には、通常呪文が書かれてある。今日ではそれが悉く木版ずりにされている。この縄は通例幾本かの棒を立てて、それに張り廻らされる。神祀の浄域に通ずる路の入口には必ず二本の棒を以て門構えとなし、それに神縄が張り渡される。我が国の鳥居の起原も、恐らくこうした所から始まったものでなかろうか。

なお神縄とともに常に吾人の目を惹《ひ》くものは、幾本かの幟が立てられることである。帯状の布切を縦にして片側を棒にとおすことは、我が国のそれと全く同様である。幟には一面呪文が印刷されている。その文句は、現在では西蔵語または梵語の西蔵音表字を以てせられるが、往古は記号とか絵文字などを、草木の液汁で染めつけたといわれる。幟は神敵や悪魔を降伏する戦勝の標識たることを意味するものである。

仏教徒が用うるものにも、やはりこれと同様のものがあって、甚だ紛らわしく、今日では外観上ほとんど差別がつけられない。彼の神縄の如きも、最早ボン仏の区別を超越して、世間一般の風習の如く、例外なしに用いられる。故にこの幟と神縄のある風景は、至る所に見られる。神域は云うに及ばず仏寺の境内でも、神の鎮座ある所には附きものである。その他いかなる所でも厄神鬼魔の類を近づけないようにする区域とか、或いは普通の人家またはその他の建造物の屋上とか、路傍、山頂、水辺の渡し場や舟軸など、苟くも神聖、清浄、厄除を意味する所には、必ずそれらが目撃されるであろう。かくの如き光景は、疑いもなく西蔵太古の遺習に基づいて発達したものに相違ないが、二十世紀の今日、我が国における最新文化都市の中心においてすら、しばしば同様の場面が見られることに想到して、実に奇異の感なきを得ないのである。

〔七〕

神縄と小幟のある景色は、殺風景極まる西蔵高原を旅するものにとっては、確かに印象的なものに違いないが、またそれほど原始的な寂寥感を催さしめるものはない。しかるに一度び高原を去って、緑陰深きヒマラヤの山林地帯に入り、風光明媚の別天地を訪れるならば、その同じ幟や神縄の眺めがいかにも奥床しく漫《すず》ろに我が故国の懐かしさが偲ばれて、異郷にあるの想を忘れしめるものがある。殊に彼の「瑞穂の国」とも名づけ得べきレンジョンの「米実る国」＝「穀物豊饒の国」では、鬱蒼たる老杉茂る鎮守の森や、山桜楓樹の木立の影を縫うが如くに、神縄と小幟が隠顕する風情が得も云われない。山住民らの風貌も、全く現代離れのした遠き昔の神代姿をとどめ、朧気ながら伝説の古を物語るかのようである。

かようにボン神教徒によって、今日に残された如上《にょじょう》の情景は、吾人をして考察の興味をそそらねば止まないのである。ボン神教の起原を探らんとすれば、勢いシャーマン教の研究にまでさかのぼらねばならぬ。従って中亜及びそれ以東の民族と、彼らの信仰習性などをも考察しなければ、西蔵文化の由って起これる根源を究めることができないであろう。

第九章　仏教の伝通

〔一〕

西蔵古代の宗教として、ボン神教が行われたことは、別章所述の如くであるが、それについで第二の国教として遥かに前者を凌駕し、驚くべき伝播力を発揮した宗教は、所謂喇嘛《ラマ》教と呼ばれるもので、正しく云えば、西蔵仏教と称すべきものに外ならぬ。西蔵に仏教が伝わった最初は、印度からの直接移入によるもので、その時期は史実として記録された所によると、第三十三代国王ソンツェンガムポ Srong-btsan-sgam-po の代、即ち紀元五六九―六五〇年であるが、果たしてその何年目であったかを、的確に指摘する事はやや困難である。ソ王の事跡の前後関係から推測すると、後述に示す如く、印度派遣の留学団が帰朝した当時と見るべきであるから、多分六世紀の末葉から、七世紀の初葉に及ぶ頃かと想像される。しかし伝説として記されたものによると、その伝来の萌芽を見た時は、右よりもなお数世紀以前にさかのぼるもので、即ち第二十八代国王ハトトリ・ニェンツェン Lha-t'o-t'o-ri-gnyan-btsan の六十歳の頃といわれ、スムパケンポ（第十二章参照）の推算に基けば、紀元二四四年頃、印度より梵語学師のロセムツォ（Pandit Lo-sems-ht'so）及び訳経師のリテセ（Lotsava Lit'ese）という二人の学僧が仏典仏具を携えて開教に来たが、その際は何人もこれを信奉するものなく、彼らはただ持参物だけを辛うじて残し置くことを得た。ところがそれらは西蔵を禍する種であるとて、一時棄却問題を生じたけれども、国王の取り計らいによって、取り敢えず王宮に奉安せられ、不可思議物として、相当の敬意が払われたという。もとより無文時代の事柄であるから、真相を捕捉する由もないが、当時そうした事実のあり得ることは想像に難くない。

惟《おも》うに、六、七世紀の交に初めて伝わったばかりの仏教が、その際何らの障害なく、忽ち素晴らしい興隆ぶりを示すということは、既にその以前から、一般人心に仏教なるものの観念が多少存在して、まさに信奉の機運が醸造されていたに相違ない。さらに古い伝説によると、西蔵と印度との交通は、遠く紀元前五世紀頃から始められたようであるから、その当時印度に起こった仏教が、漸次近隣地帯に伝わらない筈は無いであろう。ソ王が未だ仏教を正式に採用せずして、専ら外領侵略に余念なかった頃の物語にも、野蛮の西蔵国にはおよそ不似合いな、忠孝思想の片鱗を見せていることは、恐らく仏教道徳のしからしむる所であろう。また仮にそれが仏教の影響でなくして、西蔵民族固有の精神の発露と見ても、彼らの道徳観念の向上せることを示すもので、十分に高遠なる教理をも受け容るべき素地ができていたことを想像せざるを得ない。故に西蔵中央部においては、なお無文状態に在った時でも、印蔵国境方面には、既に仏教が伝わっていて、その精神的影響が中央にまで及んでいたものと見られないではなかろうと思う。

〔二〕

さていよいよ史実時代に入って、仏教伝来の顚末を述ぶるには、勢いソ王の事蹟を中心とせねばならぬ。ソ王は年漸く十三にして即位した。資性英邁といわれ、やがて全蔵を統一し、国都をラッサに定め、王宮をキチュ河畔に臨む原頭に屹立せる巌丘上に築き、これを堅固なる要塞として、四隣を睥睨するの威容を発揮せしめた。ソ王の理想は西蔵の広大を以て、なお足れりとせず、或いは東方万里、遥かに長安の都を襲って大唐の朝野を震駭せしめ、或いは南方険峻の恒雪嶺を突破して、北印ネパールの諸王を戦慄せしめ、まさに西蔵大帝国の実現を夢みて、侵略に日も足らない有様であったが、幸か不幸か、覇業未だ成らざるうちに、ソ王の心境をして頓《とみ》に一転せしめ、遽かに長征の鉾を収めしむるものがあった。それは即ち、印度仏教の崇高なる精神と、唐朝文化の燦然たる光彩とに外ならぬのである。一朝にして大乗仏教の渇仰者となったソ王は、親《みずか》ら率先して文化建設の陣頭に立ち、内外の博識を駆使して古今未曾有といわれる偉業を貫徹し、爾来今日に至るまで千三百有余年間に及ぶ西蔵文化の根本を樹立せしめた。

ソ王は当時、自国の無文未開なることを愧《は》じ、まず印度より仏教文化を移入すべく、聡明の聞こえ高き、宰相のトゥミサムボタ Tu-mi sam-bho-ta（またはトンミサムボタ Ton-mi Sam-bho-ta ともいわれる）を首班とせる、一行十六名の留学団を印度に派遣し、梵語学とともに、仏教は云うに及ばず、博《ひろ》くバラモンの諸学をも修習せしめた。彼らが学成って、帰朝する間もあらせず、宰相をしてまず西蔵文字と国文法を創制せしめ、矢つぎ早に、仏教聖典の翻訳と研鑽に着手せしめた、ソ王は印蔵の各学者を督励するばかりでなく、王自身もまた、語学と仏教を修め、習熟すること速かで、早くも講説に執筆に勤ましむ所があり、西蔵仏教特有の礎石は実にこの際に据えられたのである。ソ王は更にまた、仏教主義に立脚して始めて国法を制定し、君民ともに遵守すべき道を示した。（補遺「最初の国法」参照）

ソ王には夙《つと》に西蔵各地の名門より娶った三人の后があった。その後、齢既に老境に近づいてから、ネパールと支那よりも、それぞれ一人の王女を迎えて后とした。かくの如く先進強国の王者と縁組を結び得たことは、もとよりソ王の偉大さを物語るものであるが、王自身を以てすれば、高級なる先進文化の吸収策として、最も効果的の手段を撰んだものというべきである。即ち、ソ王の六十四歳の時（六三一年）に、ネパール国王アムシュブァルマ Amcu Varma の王女ティツゥン K'rit-btsun（原名 Bhṛkuṭi）を、同じく七十五歳の時（六四一年）に、唐太宗の王女、文成公主 Wan-Cin-Kong-co を入室せしめた。後者について一説には、ソ王の二十歳の時（五八八年）とあるが、全く仮想説に過ぎないもので、西蔵王家の伝記や、唐朝の記録とも相違することは勿論である。これら両王女の来蔵とともに、両国よりそれぞれ仏像、仏典、僧侶並に文化使節を迎えたことは云うまでもない。西蔵最古の仏殿の一としてかつまた最も神聖なる精舎として世に名高き、ラッサの釈迦仏主殿、チョカン Co-k'ang の造営は、実にこの時、ネパール王女の願いによって行われたものであり、また同じく、ラモチェ Ra-mo-c'e の仏聖殿は、文成公主のために建てられたものである。無論この両仏殿には、彼ら王女が各自に本国から供奉した仏の尊像が、それぞれに安置されたものであるが、その後ある事情により、その両本尊を彼此取り換えて祀ったことがあって、今日もなおそのままに残されてあることを注意せねばならない。両本尊のうちでは、特に文成公主が齎《もた》らしたものが、神霊最も灼かな聖像と信ぜられ、西蔵仏教徒は云うに及ばず、西蔵以外各国の全ラマ教徒らの、崇敬措く能わざる所である。都名ラッサ Lha-sa の起原は全くここに存するもので、「ラ」Lha とは、神または天の義で神聖の意を示し、「サ」Sa は土地または場所の義であるから、つまり「神聖の地」ということで、換言すれば仏聖の地、または「仏地」の意味である。この地域には最初オタン Ho-t'ang

と称する湖水が横たわっていたが、仏殿建立に際し、その湖のある場所そのものが最も肝心な地区に当たることが、易法によって卜《ぼく》せられたので、そこを陸地とするため、山羊に土を運ばせて埋め立てた。すなわち山羊（Ra）によって出来た土地（Sa）であるということから、これを「山羊地《ラサ》」Ra-sa と名づけた。ところがいよいよそこに仏殿が築かれ、殊に神聖無比の尊像が安置されたために、元の名が消えて、新名の「仏地《ラッサ》」と変わったわけである。

以上によって大体ソ王の事蹟を述べ終わったが、因《ちなみ》にこの王名の意義について小解を施すならば、凡そ上世における歴代の王名には、余り芳ばしからぬ意義のものもあり、またそれほどでなくとも概して平凡であるなかに、ソ王の名は断然異彩を放っている。恐らくそれは王の逝後に、その功績を讃えて奉った諡であると考えられる。即ち Srong-btsan-sgam-po とは、「直進《ソン》、厳正《ツェン》、深慮者《ガムポ》」の義で、直進とは正直にして勇気あること、厳正とは仁義、深慮とは叡智あるの謂なれば、必竟智仁勇兼備の明君たることを示した語である。

なおソ王の仏教観に関する問題とか、或いは初伝仏教が特に大乗密教に重きを置かれた所以などについて、論及すべき点が無いではないが、余りに支論が長くなり過ぎる嫌いがあるから省略する。

〔三〕

かくて初伝仏教は、経典の飜訳を中心として発達し、第三十七代国王ティソンデツェン K'ri-srong-lde-btsan の代（七五五―七八一年）には、いよいよ本格的の弘通を見るに至り、印度よりは瑜伽《ヨーガ》の高僧ペマサムヴァワ Pad-ma-Sam-bha-ba 来って密教の興隆に尽し、また学僧アーツァルヤボデサットワ Ātsarya-Bodhi-sattva（＝Çanti-Rak-sita）の如きは、ティ王の師となって仏法を講じた。これまで西蔵には未だ真の比丘僧としての修業を積んだ僧が出なかったが、この時始めて七人の有資格者が撰ばれたといわれる。当時国都は一時ラッサを去って、サムエ Bsam-yas に遷され、七六六年にはチャンチュプリン Byang-C'ub-gling と呼ばれる名刹が築かれた。これは印度アジャンタ精舎 Acintya-Vihāra を模したもので、「サムエ」という地名はその寺名に因んだ蔵訳語といわれ、「不可思議」を意味する。この時代には支那よりも学僧等の来蔵があって、支那仏教も相当に弘通したから、国王は印支両仏教の優劣を比較せんため、ある時両国の学僧を招き、御前において教義討論を行わしめたところ、支那学僧の敗北によりその教旨の欠陥が認められ、終《つい》にその宣教を禁止した。

なおこの王代に特筆すべき一事は、大蔵経の目録が始めて編纂されたことである。勿論後世のそれほどに整備したものでないが、最初の目録作製という点に、史的価値が認められる。（補遺「西蔵大蔵経」の項参照）

〔四〕

第四十一代レェパチェン Ral-pa-can 王の代（八一四―八三六年）には、特に仏学の講究盛んに行われ、また一方においては、経典用語の校訂と、新制語による統一の大事業が遂行せられた。従来の経典は、その翻訳の時代と訳者の相異により、用語が区々《まちまち》となれるが上に、各地の方言をも無数に混入せられ、啻に複雑を極めたばかりでなく、全然難解の箇所も多かったため、西蔵人自身すらもその不便に悩まされ、果たして経典の真価が保たれるか否かを疑われた。仏教の狂信者といわれたほどのレ王のことであるから、この欠陥を黙視する筈はなく、早くも意を決して、大改訂の挙を思い立ち、印蔵の諸学僧らを集めてこの難事業の克服に成功したことは、後世の識者をして驚嘆せしむる所である。（補遺「西蔵大蔵経」の項参照）

〔五〕

第四十二代国王ランタルマ Glang-dar-ma の代（八三六―八四一年）に及び、国都ラッサにおいては、仏教大破壊の厄が起こった。ラ王は性来素行治まらず、夙《つと》にボン神教に傾倒して仏教を排撃し、即位後やがて暴政をあえてして省みなかった。しかるに当時しばしば厄難災禍が発生したためラ王はこれを以て仏教信奉の報と称し、仏像を遺棄し、仏殿を毀し、僧侶及び学者を殺傷または追放し、経典及その他の書籍を焼却するなど、暴逆の限りを尽し、歴朝不断の努力によって漸くその緒についた王都の文物制度も、一朝にして覆滅せられ、社会の安寧秩序も根本から破壊された。かくて臣下の怨恨を蒙ったラ王は、終に一禅僧ハルンペェキドージェ Lha-lung-dpal-gyi-rdo-rje のために弑せられた。この不祥事を以て、王家は中央に止まることを憚り、去って西部西蔵に移り、先王の二王子は各自に地方に分立して、小王国を建て、辺地仏教の護持に努めた。

第一代国王以来、凡そ一千三百余年間、連綿として継承された由緒深き王統も、第四十二代を以て終に西藏総王の地位より転落するに至り、爾後これに代わるものなく、諸侯争覇の世と化した。所謂「初伝《ガタル》」Snga-dar の仏教も、これを以て一期を画するわけである。

〔六〕

その後およそ一世紀を経て、仏教は漸く復興の機運に恵まれ、東部西藏よりはライチェンゴンパラプセル Bla-C'en-dgongs-pa-rab-gsal 西部西藏よりは、ロチェンリンチェンサンポ Lo-C'en-rin-c'en-bsang-po らの名僧輩出して興隆に尽した結果、漸次中央部にも浸潤し、所謂「後伝《チタル》」d'yi-dar 仏教の端緒を開いた。しかし曾て致命的の創痍を蒙った仏教の立て直しには相当の困難を伴うもので、既に種々の不純分子が侵入しており、当初の如き教理の真正は望まれなかった。ここにおいて前西藏総王家の後裔として、国の西辺に一王国を立て、仏教擁護者を以て自任せるコルレ Hk'or-re 王は歪曲されたる仏教の前途を坐視する忍びずとて、改めて純真仏教の新移入を計るべく、ほとんど国帑を傾けんばかりの巨資を準備し、一再ならず印度に特使を派遣して高僧知識の招致を試みた。不幸にしてコ王の在世中には、希望の実現を見なかったが、その後、王弟 Srong-nge の孫なるウュデ Hod-lde 王の代に及んで、その弟シワムュ Ši-ba-hod の努力によって漸く目的を達し、当時印度にて最も博学の聞こえ高かりし聖僧アティシャ Ati-ça を迎え、西蔵仏教の根本的改革を試みた。アティシャは印度名を Di-pan-kara šri-ju-ña-na と呼ばれ、入蔵期は十一世紀の中葉（一〇四二年）といわれる。これより着々として革新の実を挙げ、名僧ドムゲルウェジュンネェ Hbrom-rgyal-bai-hbyung-gnas 出で、アティシャの法流を汲んでカーダンバ Bkah-gdams-pa（勅勧派）の宗教を宣揚するなど、すこぶる健全なる発達の径路を辿った。しかしその興隆に伴う必然的結果として、諸宗派の分立を来し、互いに確執し合ったため、教線の混乱を見るの余義なきに至った。それらの教派として知られたる主なるものは、サキャパ Sa-skya-pa, ツェルワパ T'sal-ba-pa, リコンパ Hbri-gon-pa, パルパ P'ag-gru-pa などである。各派の対立は、勢い当時の諸侯との間に政治的関係を生じ、仏教本来の使命が没却されざるを得なかった。国内の混乱は、やがて蒙古等の侵略を誘引するの動機となり、全蔵の主権は一時蒙古に帰したこともあったが、サキャパの教主なる、所謂パグスパ（八思巴）が元朝の帰依する所となり、後ち西蔵の君主権を附与せられたことは、別章「国史略説」にも述べた通りである。

〔七〕

政権争奪の具に供せられたる教界が俗化することは当然の帰趨であって、仏僧は己が特権を濫用して横暴を極め、世相の不安に乗じて仏法を弄《もてあそ》び、猥りに邪法を説いて風教を紊《みだ》すこと甚だしきものがあった。たとえば悟道作仏の美名に籍口して転倒虚妄の快楽主義を容認し、出家の戒律を無視して邪欲を恣にするが如き破廉恥なる不徳行為など、実に言語に絶するものがあった。かくて前後数世紀に亘って混沌たりし教界は、ついに如上の堕落時代を最後として俄然反動を起こし、ここに仏教大改革の烽火が、忽然として打ち揚げられた。それは十四世紀の末葉に近い頃である。曾て聖アティシャによって放たれた純正仏教の光芒は、閃々として怪教の妖雲を打ち払い、以て淫蕩頽廃の迷夢を貪れる伏魔殿を照破し、粛風颯々たる革新の原頭より、活仏の獅子吼が叫ばれた。彼の色欲の快楽主義に耽溺するを以て、悟道の方便なりとするが如きは、極重悪逆の罪障にして苟且《こうしょ》にも（註・カリソメニモの意）仏徒の近づくべき道にあらずとなし、真実の聖道は、一に菩薩六度の浄業を円満に修得するにあることを高唱しつつ、勃然として北蔵青海の畔、ツォンカのクンブン（Tsong-k'a, Sku-hbum）より身を挺して遍く全蔵に教化を垂れ、世に真仏の出現を想わしめたるものは、その名声宇内に赫々たる偉聖ツォンカパ Tsong-k'a-pa その人に外ならぬ。

ツォンカパとは、かの出生地名に由って呼ばれたもので、通常これに敬称を附してゼ・ツォンカパ Rje-Tsong-k'a-pa 或いはゼリンポチェ Rje-Rin-po-c'e といわれるが、またしばしば彼の得度名たるロプサンターパ Blo-b̲sang-grags-pa を以てすることもある。彼の年代は一三五七―一四一九年である。改革せられたる新仏教は世に黄帽派《シャセルバ》 Ś'a-ser-pa と呼ばれるが、宗門の本名は、ゲルクパ Dge-lugs-pa で、その語義は粛正宗派或いは粛徳宗派を意味する。これに対し、改革以前の仏教正統派を古宗派《ニンマワ》 R̲n-ying-ma-ba または紅帽派《シャマルバ》 Sa-dmar-pa という。今日西蔵の国教となれるものは、新教ゲルクパであり、ダライ・パンチェンの二大法王はともに本宗門の神聖教主として、世々に転生冊立されるものである。（補遺「ダライ法王の冊立法」の項参照）

かくて西蔵仏教の隆運は、この改革期とその直後を以て最高潮に達したものと見るべく、各地大寺名刹の多くは、ほとんど彼の偉聖もしくはその高弟らによって建立されたものである。即ちガンデン Dgah̲-ldan, セラ Se-ra レボン H̲bras-spungs, タシルンポ Bkra-śis-lhun-po などであって、これらの各寺には、それぞれ三千五千、七千、四千を超過する多数の僧衆団を擁し、寺院の地域は宏大なる石造建築櫛比して宛然たる文化市街の観を呈した。宗門勢力の名実共に旺盛なることは云うまでもなく、それは国家的にも社会的にも優越なる地位を獲得し、僧侶の威信重かりしこと、古今その比を見ずと云われる。宏壮華麗なる寺院の造営は、建築、工芸、美術、産業などの発達を促がし、仏法の普及は、一般民衆の教学振興に役立つなど文化の興隆に寄与する所が多かった。彼の偉聖の功績は、独り仏教の革新に止らず、九世紀以来久しく混沌たりし世の人心の帰向する所を知らしめ、これを善導して思想の統一に貢献する点が少なくなかった。実に西蔵開国の大祖ソンツェンガンポ以来の明教主として中興の祖師と仰がれ、「仏教国西蔵」の面目を永《とこし》えに伝えんとするものである。

〔八〕

十五世紀の中葉に及び、ツォンカパ大師の高弟たりしゲンドゥンルプ Dge-hdun-grub は、前掲タシルンポ寺院の開祖として有名であるが、所謂西蔵の守護神たる観音菩薩の化身者なりと信ぜられ、彼の遷化後にその再現を見たことから、爾後代々の教主位はかくの如き転生再現の理に基づいて継承せらるべきものとの信念を得た。これ即ち法王冊立法の起原をなすものである。（補遺「頼達法王の冊立」の項参照）

この法王位に対し、「達頼喇嘛《ダライ・ラマ》金剛執持《バジュラダーリ》」の称号を以てするようになったのは、十六世紀中末の交、法王第三世ソナムギャムツォ Bsod-nams-rgya-mtʻso の代であり、さらに法王が君主権をも兼ぬるに至ったのは、十七世紀中末の交、法王第五世ロプサンギャムツォ Blo-bsang-rgya-mtʻso の代であることは、別章「国史略説」所述の如くである。

法王第五世は仏学者であった事は勿論であるが、また歴史家としても有名であり、さらに一層彼の名声を伝える事蹟は彼の執権たる、サンゲェギャムツォ Sangs-rgyas-rgya-mt'so をして、法王宮殿ポタラ Potala の大改築を行わしめたことである。この宮殿はもと、六世紀末に最初のラッサ王城として造営されたもので、規模既に旧劣に属し、到底新時代の要求に適応しなくなったから、ここに根本的改築の必要に逼られたわけである。十七世紀末より十八世紀初めにかけ、約十五箇年を費し、およそ当時の西蔵がもつ最高の技術を傾注し、最良の資材を投じ、最大の労力を用い、ついに空前の大工事を完成するに至った。新宮城は大体の設計として、城塞を基調とする点においては以前と変わりはないが、その規模の宏大なることは到底旧城の比ではない。外廓の要所は防備を厳にするため、特に堅牢なる構造を施せることは云うまでもないが、巌山の腹壁に沿うて頂上を覆うが如く、上下十九層の高楼を支え得るために、悉く石材を骨組とせる所を見れば、城全体の堅牢さが推して知らるべく、たとい実物を観ないものでもその写真によってほぼその威容を想像せられるであろう。城の内廓には、宮殿、法王庁、政庁、仏殿、会堂、霊廟、僧官房、宮内官房、図書室、蔵庫、などが配設せられ、一綜合建築としての技術を発揮する点に遺憾あることなく、かくして現に今日吾人が目撃する如く、荘厳宏麗にして崇高無比、真に蔵蒙中亜幾百万のラマ教徒に君臨せる大法王の居所たるに恥じない偉観を示すに至ったのである。

〔九〕

次に法王第六世ツァンヤンギャムツォ T'sang-dbyangs-rgya-mt'so は、世に詩人教主として名高く、彼の叙情詩は広く人口に膾炙《かいしゃ》している。西蔵が事実上支那（清）の属領とせられたのはこの時代（一七二〇年）である。

次に法王第七世以下十二世に至る各代は、在位期間も短かく、特筆すべき顕著な事件もない。強いていえば、一般仏教界はただ前代最盛時の惰力によって、行進せる状態にあると見るの外はない。もっとも清朝がラマ教を重視し、皇帝親《みずか》ら法王に帰依したという事実はあるが、それは西蔵懐柔策の一手段に過ぎないもので、これを以てラマ教の振興と見るは当たらない。

次いで最近二十世紀に入りては、別章「国史略説」に述ぶるが如く、西蔵は幾多の国難に遭遇し、法王十三世は外国に亡命を余義なくせられたこと前後二回に及ぶなど、不安の国情が永く続いた。従って仏教界はいよいよ不振に陥り、ただ頽勢の一途を辿るの外なき有様であった。殊に一九三三年、十三世法王の逝去は、一層それに拍車をかけた。曾て西蔵文化の精華を誇った仏教の前途も、今や全く逆睹《げきと》し難き情勢にある。

第十章　性情と風習

〔一〕

かねて吾人の聞くところによると、西蔵人は生来剽悍で残忍酷薄な野蛮人種の標本であるかのような観念を懐かしめるが、実地に当たって仔細に観察してみると、曾て想像したこととは著しく相違することがわかる。もとより彼らが未だ文化の恩恵に浴しなかった遠き往古の混沌たる時代にあっては、或いは蛮性を逞しうしたかも知れないが、少なくとも七世紀以降、主として仏教の感化を受けたと思われる彼らの性情は、相当に精練されたものであったことは、史実を通じて推し考えられるばかりでなく、また現在における彼らの徳性力の程度より見ても容易に想像される。

およそ西蔵人の場合のように、古今封鎖状態を以て終始せる所の人々の性情を一時的の通過旅行や秘密探検の途次などで、正鵠を得た観察を求めんとすることは無理かと思う。しかし今までは他に適当な方法が見出されなかったから、止むを得ず欧西の探検家などの記事によって、不十分ながら研究が行われた。彼らの報告は素より相当の価値あるものに違いないが、地理や博物など、自然界に対する調査の精確なるに比し、人文方面の観察は、杜撰の失を免れないばかりか、往々にして、事実を誤認する点もないではない。また観察の対象となる西蔵人にしても、中央部の如く古来文化の発達せる所もあれば、辺彊地の如く今なお未開の旧態に、止まる所もあって、一様に論ずるわけにいかない。欧西人の体験するところは、その大部分が辺疆西蔵に関するものであるから、仮に彼らの所説が悉く真相であるとしても、それは決して一般的または基準的の考察価値を有するものとは断ぜられない。筆者の如きは前後五年間を費やし、主として中央部において研究を続けたが容易に結論に達しない。一局地に定住する場合においてすら、既に右の通りであるから、西蔵全高原を廻って、種族と文化を異にせる人々の性情を窺うことの困難は推して知るべきてある。

なお欧西人らと吾々とが、その立場を異にする点は、彼らが異人種異教徒の身を以て、秘密行動を余儀なくせしめられたに反し、吾々は同人種同教徒として、公然と居住し、社交場裡において、自由に体験し得たことである。ただしこの事実は必ずしも、欧西人の所説が誤で、吾々が正しいということを意味するものでない。種々雑多の西蔵人が、欧西人に対して示したことも性情の一端であるならば、彼らが吾々に対して示したこともまたそれに違いない。要は観点の相違に帰する所が多いと思われる。筆者がここに述べんとするものは、国都ラッサの住民を中心とするものであって、それは大体西蔵人の中堅層に対する基準的なものと見て可なりと思う。

〔二〕

さて西蔵人が野蛮な無文時代を出でて、輝かしい仏教文化に接したのは七世紀の初であり、始めて国法なるものが定められたのも、やはりその時である。国法については、本記の補遺「最初の国法」で詳述する如く、その法文によって、当時なお野蛮と文明の境界線上に立った、西蔵人の徳性を窺うときは、少なくとも殺伐なる蛮性の忌むべきものが無かったであろうということが想像される。また別章「仏教の伝通」で述べてあるように、仏教伝来の直前における物語の中にも、明らかに忠孝思想の萌しが認められる点などから推して、彼らは本来蛮性の持ち主であるとは考えられないのである。さらに近く今日の状態を見ると、彼ら同胞間に闘争を始めた場合、殊更に残忍性を固有するような傾向は認められない。それは異人種、異教徒に対しても同様であろうと想像せられる。近世欧西人の探検家などが、しばしば蒙ったといわれる危害の真相を調べてみると、その主なる原因は欧西人自身にある場合が多い。例えば西蔵人の信仰や風習に対する無理解とか、或いは人種的優越感を以て侮辱を加えるとか、或いは恥ずべき暴行を与えるなどに基因するものである。故に正常の道を以て臨んだものは、排撃されたり危害を加えられたりされることはない。例えば十七世紀より十九世紀にかけて、耶蘇教の宣教師らが入蔵布教の自由を許されたが如き、或いは印度カシミールの回教徒やネパールの印度教徒《ヒンドゥー》などが、古来西蔵国内に居住を許され、現に首府ラッサにおいても、彼らの子孫が安全に生活せる事実の如きである。

由来西蔵人は宗教に熱狂する傾向があり、殊に仏教の信仰において顕著なるものがある。故に仏陀の神聖を擁護するためには身命を賭して顧みない。彼らは特に、忠君愛国と名づくべき精神を持ち合わさないが、仏聖の化身と信ずる君主的法王に忠誠を致し、仏聖の国土としての西蔵国を愛護すべき思想を懐いている。故に苟《いやし》くも仏土の神聖を犯し、法王の尊厳をそこなうような行動が、もしも異人種異教徒によって起こされたならば、彼らはそれを阻止することにほとんど手段を撰ばない。こうした場合、彼らは確かに一種の狂暴性を顕わすことがあり、たといそれが例外的の蛮行であったとしても、遭難者たる欧西人には彼ら通有の本性として、世に宣伝されたわけである。

〔三〕

次に彼ら個々の性情について、比較的詳細なる観察の結果を述べるであろう。まずこれを概論するときは、彼らの通有性は、同一人において両極端を包蔵する点にある。それが別人における場合に、一層顕著であることは当然といわねばならぬ。而してこれを具体的に示すならば、例えば、温順にして羊の如き優柔性を見せる半面に、また驚くべき爆発性の胆力を現わすことは珍らしくない。慈悲同情の念に溢れるが如く感ずる場合もあれば、時あって燃ゆるが如き敵愾心と復讎心に充ちている。これは吾々の所謂《いわゆる》可愛さ余って憎さが百倍、という場合の現象に酷似する。また平素は臆病で、羞恥心多く控え気味であっても、一度び衝激を受けたときは、勇敢にして積極的行動に出づることを辞せぬ。猜疑心が殊に深く、また虚偽を云うを平気とするが、他の一面においては信頼の念強く、無邪気にして恬淡、愚直に近い性向を現わすことがある。才智に長けた反面に、狡猾なるを免れない。悠長なるが如くで、また短気な所も見える。感激性に富みながら喜怒哀楽の表現がむしろ消極的である。頑固で自尊心が強いが、追従と模倣を拒まない。謙譲心に富み、儀礼に篤《あつ》いが、卑屈の甚だしいものがある。排他的根性とともに、独善感が強いが、一面また妥協性を失うことなく、開放的で迎合主義を辞せぬ。

かように列挙し来れば、殆んど限りがないが、要するに彼らは単純な固定的の個性をもつものでなく、両極端の矛盾性を以てその本性とするものと見られる。もしこれを各別の個人について云うときは、その千差万別なる特質は、よく彼ら民族の由来を裏書するものと云うべきである。

〔四〕

次に彼らの風習について述べんとするのであるが、これを詳説することが本記の日的でないから、ただその概要を示すとともに、特にその異色ある点を指摘してみよう。

まず衣食住について云うならば、一般の服装は上層階級にあっては、大体支那の古風を模した点が多く、中下層では固有の土俗を墨守するものが多い。殊に地方辺鄙の風俗には、すべて旧態がよく保たれている。例えば衣類の各種様式、著方、装飾、刀剣の帯び方などは、我が国古代の風貌を偲ばしめるものがある。襟の合わせ方なども、昔はすべて左衽《さじん》であったが、今日ではある仏教古派の高僧らの間にその遺習が見られるのみで、一般は悉く右衽に改めている。その他男女被服の内著用のものに、我が古風に類似する所あるなど、考察に価する点が少なくない。宝婦女子が装飾に腐心することは云うまでもないが、西蔵人ほど多種多様の金銀玉類を豊富に身に著けるものは、余り他に見られない。服装の外観は別掲の写真によって、大体想像せられるであろう。

〔五〕

家屋の構造は、大体印度と支那との折衷式と見られるが、その根本的基調をなすものは、寺院建築の範を模したものといわれる。建築資材はすべて石を主とし粘土を従とする。隋書附国伝に「石を畳んで礫となす」とあるによっても、その起原の遠きことがわかる。多くは二層建を普通とし、三層以上に及ぶものも少なくない。屋根は総て露台式をなすから、構造の外廓は、印度及び以西の寡雨の国々に見る所に酷似する。それは都市や大寺の外観によって肯かれるであろう。ラッサの宮城の如きは、まさに近代的高層建築の概を示すものであるが、実は十七、八世紀の交に、彼らの技術を誇った名残である。（宮城写真参照）

西蔵が古来建築に石材を用うるは、種々の原因があるであろうが、木材に乏しいことがその主因をなしている。ヒマラヤの山地帯では、それが豊富であるから、至る所に彼らの木造家屋を見る。

家屋内の設備もまた、印度や支那風を幾分取り入れたかと思われるが、根本主義においては、やはり西蔵固有の様式に基いたものである。床は通常・アルカ Arka と称する凝固性強き粘土の漆喰で固められ、表面に磨きをかけて光沢を出させるから、あたかも褐色の大理石を敷きつめたかの観を呈する。しかしまた粗造の漆喰の上に、板張りの床を設ける場合も多い。室の正面に当たる部分は、壁側の一部を凹ませる。ちょうど我が国の床の間の如き備えとなし、そこを上座とする。十畳敷以上にも及ぶかと思われるような広間には、二柱乃至四柱が設けられ、大会堂の如きは数十柱が建てられることは云うまでもない。而して柱そのものが、西蔵室における欠くべからざる装飾の一となっている。

〔六〕

座席は床の間を正座として、左右いずれかの片側、もしくは室によって両側に、窓側或いは横壁などに浴うて設けられ、室の中央は空地として何物も置かれない。座席について構造上の特色をいえば、ここに一個の基本座台ともいうべきものがあって、二基を以て一組となし、それを幾組か必要なだけ列べられる。基台の形体は、約一米方形に、十五乃至三十珊ばかりの高さの、平箱型をなした木造の小形床几ともいうべきものである。その上にほぼそれと同じ容積に作られた藁詰の厚蒲団を置く。それは取扱上の便宜から二つに折り畳めるように仕立ててある。基台も厚蒲団も、側面の外部に現れた箇所は、華麗に装飾が施されてある。通常座台を二基列べて、長方形体となされたものが座席の単位となるもので、座面の広さは、平均して我が国の畳一枚ほどの大きさに当たる。これを実際の座席とするには、その上にほぼ畳大の絨氈を敷く。

さらに完全に装備するには、厚蒲団と絨氈との間に、我が国の夜具に用うる敷蒲団様のものを一枚展べ、また絨氈の上には我が座蒲団同様のものを一対列べる。総ての様式は西蔵独特であろうが、その根本主義においては、我が国で畳床を以て基台となし、その上に敷物を展べ、座蒲団を置く意味と異なる所はない。ただし彼らの座台をなせる折り畳式の藁詰が、名実ともに「たたみ」であるに反し、我々の畳が実際たたみとなっていないことは奇態というべきである。

彼らの坐り方は、男女階級の如何を問わず、また如何なる場合においても、すべて履物を着けたままで、胡坐《アグラ》を組むを作法とする。ただし稀に例外として、日本風に膝を屈して坐るものもあるが、それは極めて卑賤なものか、罪人らの坐り方に限られている。我が国でも昔の止式な坐り方は、全く西蔵流であったことなども面白い対照である。その他居所や動作などに関しても、彼我共通点を見出されないではないが、煩を恐れて割愛する。

〔七〕

彼らの食事は一般に旧習が保たれているが、上層または裕福な家庭では、支那料理が併用される。稀には洋食を模した料理も作られる。ただし饗宴などの場合には、支那食を主とせられる。彼ら本来の主食物は、大麦と、獣肉と、野菜とである。大麦は煎って粉としたもので、我が国でいう麦麨《ムギコガシ》またはハッタイの粉と全然同一物である。喰べ方は、それを適量に大茶碗にとり、別に日常の飲用として西蔵流に作られた牛酪《バタ》茶《チャ》の液を以て硬く捏ね廻し、団子型に丸めながら調理した肉や野菜類の副食物と共に、手づかみで食べるを法とする。副食物はすべて煮るか油で煎るかで、ほとんど焼くことはない。

また肉類を生食するの習慣が無い。ただし辺疆の土人中には生肉を食うものもある。獣肉は極めて豊富で、羊、犛《ヤク》が最も多く、豚これに亜《つ》ぐ。鳥類や魚肉は普通に用いない。野菜は生産に乏しく、少量の馬鈴薯、玉葱、豆、大根、蕪などあるに過ぎない。麦は国内の需要を辛うじて充せるが、米は西蔵本部で産しないから、主として印度方面より輸入せられる。米食することは余り多くない、その他は仏前への供前として若干用いられる程度に過ぎない。煙草や酒の需要も相当に多いが、煙草は印度からの輸入に限られ、酒は自国産の大麦から醸造されたものである。洋酒は普通に用いられない。果物類には最も欠乏を感じている。要するに牧産品には十分恵まれているが、農産品に不自由している。

〔八〕

次に彼らの一般習性について述ぶべきことも少なくないが、今は特にその顕著なる点を挙げるに止める。まず最も吾人の注意をひくものは、彼らの不潔性である。上層階級は概して清潔の何物なるかを知悉しているが、中層以下、殊に下層に至っては言語に絶するものがある。その例は枚挙に遑《いとま》がないが、試に二三の場合を指摘するならば、彼らは自身の体でも器物の汚でも、決して洗うことをしない。下層の者や辺鄙の土民の顔と手は垢で黒光りをしている。衣類なども同様で、新調の時から破れて脱ぎ捨てるまで、一度も洗濯しない。戸毎に必ず便所があっても、市街には共同便所の設備がないから、ラッサのような都会でも町裏は糞尿のたれ流しで、悪臭芬々としている。

次に目立つところは、彼らの迷信深い点である。日常の動作、行為、業務など迷信によって左右せられることが多い。彼らはその都度必ず自身で占を立てる。大切な事柄に対しては、特に占師に頼む。また日々の吉凶を暦によって調べることは、全く我が世俗の風習と同じである。その他天候の調子、鳥の鳴き方、畜類の動きなどに関して、それぞれ暗示を求めることも、我が迷信と変わりがない。病気を患った時、或いは怪我《けが》した場合など、医者や薬よりもまず占である、そして祈禱である。所謂病魔に冒されるという考えが深く根ざしている。

〔九〕

次に冠婚葬祭について小記するならば、まず出産があった場合、一箇月以内には必ず命名の祝をなす。それから最初の外出は寺詣でから始まる。吾々でいう宮詣りと同じ意味である。貴族の子弟が十七歳に達した頃、元服式が挙げられる。それまで弁髪式の垂れ髪であったものを結い上げて、頭頂に小さく横長に髷形を結ぶ。我が丁髷とは形状を異にするが、主義趣向は同じでないかと思う。男子は通常丁年頃から、女子は十六乃至十八歳で結婚する。それが成立に至る順序とか、儀式の模様は、大体我が国の旧習と択ぶ所がない。しかし儀式中やや奇なる点は、司会者たるボン紳士または花婿の父親が、一本の白羽の矢を以て、花嫁の襟元に挿し立てることである。我が国の古風に右のような儀式が行われたかどうか知らないが、現に人を物色して択び当てる諺として用いられることから想像すると、何らかの関連をもつものと見られる。

また従来夫婦関係において、新妻と夫の兄弟との間にも夫婦の契が結ばれ、所謂一妻多夫の奇習を見ることもある。これは家庭円満の標象として尊ばれたがその由来する所は、例えば一家の長男が仕官して地方勤務となった場合、不在期が長びくことから起こったといわれる。一見した所、女の数が男に比して著しく多い国の習慣としては、確かに変則といわねばならぬ。しかし女が多く見ゆるわけは、出家僧侶の多いことに基因する。試しにラッサの街頭に立って人の動きを眺めると四割の女に対して僧侶と普通人とが各々三割程度を占めている。この割合から推せば、むしろ女が比較的少ないことを知るのである。しかし普通人に比して女の数が多過ぎることは事実である。現に一妻多夫の逆を行く所の、一夫多妻の傾向が現れた理由も、自ずから肯かれるであろう。

〔一〇〕

葬送の儀式については、殊に異様な風習が行われる。通常死後満一日を経て、遺骸は白布を以て丸く搦められ、特に室の隅角を択んでこれを安置し、その上は必ず一個の石塊を載せて置く。これは死体に魔がさして躍り上ったりすることを防ぐ禁厭のしるしとも云われ、墓標の石の意味とは何ら関係がなく、埋葬する場合には死体とともに土中に埋められるものである。かような習慣は必ずしも西蔵に限ったわけでなく、我が国の古墳においても骨格の遺物の中に、一個の石塊が置かれていることはあえて珍らしからぬことである。

葬送後における遺骸の処置に関しては、埋葬、火葬、水葬なども行われるが、最も多く行われるものはチャトル Bya-hťor という葬法である。その語義は「鳥に撒き与える」ことで、即ち「鳥供養」を意味する。それは墓地において、別に手術者があって死体を細かく切断し、附近に群り来る鷹族の猛鳥に投げ与えるからである。なぜかような残忍な方法が普通とせられるかというに、西蔵高原は至る所土地が硬く、殊に墓地に撰定されるような山野では発掘が容易でない。また死体が長く地中に残るという感じを忌み嫌うという理由もあって、埋葬が行われ難い。また薪炭類に乏しい点から、火葬は多く望まれない。水葬の如きは全く特殊の場合であり、かつ水流に沿う所だけに限られている。大体西蔵の葬法の意義は仏教を通して、印度哲学の思想によったものといわれ、総《すべ》ての物質は、地水火風の四元素よりなるもので、崩壊すれば元に還る性質のものと見る。人間の死後、その霊魂は既に中間国《バルド》を遊履するものであるから、死体は全くの脱け殻で、単なる物質に過ぎない、結局四元素のいずれかに復帰するものであるから、その「風」即ち空気に還元せしめるという考えで空中を飛ぶ鳥に与え、あとに何物をも残さない方法を択んだものであるといわれる。

次に祭祀に関しては、殆んど例外なく故人の遺霊を仏前に祀り常に礼拝供饌することと、祈禱読経することを怠らない。世々の祖先に対して鄭重なる廻向を行うことなど、我が国の仏徒に見る所と変わりはない。

〔一二〕

最後に年中行事について一言するならば、その特色とするところは、いずれも多少の仏教的色彩を帯びることで、その中には仏教儀礼そのものが少なくない。その著明なものを列挙するならば、建国の紀念祭ともいうべき「天縄滑降」の祭典は、本記補遺に述ぶるが如く、古代のボン神教の式典に属すべきものであるが、やはり仏教風が多分に加味されている。また、古風の武装行列とも名づくべきもので武装の時代変遷を示すものがある。直接には仏式を伴わないが、仏殿を中心として行われる。或いは西蔵劇として知られる野外芝居にては、古来の物語や史伝などの資料を脚本として演ぜられるが、その多くは仏教に関係の深いものである。春秋の衣更などは政庁の一儀式であるが、やはり仏教の祈禱式が伴われる。

次に全く儀式的でなく、単社交的のものとして夏季の都市生活を飾るものは水辺の林間で催される園遊会である。主として貴族の大家や富裕の階級によって催され、相互に招待しあうものであるから、盛夏を通じてほとんど月余に及ぶ。

次に仏教儀式そのものではあるが、同時に国家または社会の行事でもあるものとして、モンラム Smon-Lam 祈願会、十五日供養祭、釈迦降誕会の如きものがある。これらの概要については、若干拙著「西蔵遊記」に述べたと思うから省略する。

第十一章　言語の特性

〔一〕

現在の西蔵語は、言語学的分類法に従えば、印度支那語族中の西部語系に属するチベット・ビルマ語の部類に置くものと、或いは中央亜細亜語族と看做して、ウラル・アルタイ語系に加えるものがある。今は分類法を詮議するが目的でないから、その所属がいずれであっても、あえて問う所でないが、ただここに叙述の順序として実際上、西蔵語とは、大体如何なる特質をもった言葉であるかという概念だけを予《あらかじ》め用意しておく必要がある。無論その語の真貌は後説に至って判明する如く、簡単に言い表わせるものでないが、仮に我が国一般の人々に分り易く示すならば、凡そものの云い方においては、ほぼ我が日本語と同じような順序を以てするものであるという一言に結帰する。吾々が学ぶべき諸外国語のうちで、その必要または価値如何の問題は別として、興味本位からいえば、西蔵語の如きはその最なるものの一であろう。

〔二〕

一概に西蔵語というも、それには往古無文字時代より自然に発達し来った、口頭語体の日常用語もあれば、後世に及んで、文字と文法の制定とともに起こった文章語体の典籍用語もあって、もとより一様に論ずることはできないが、まずそうした国語の由来から説き始めねばならぬ。

往古、口碑伝説の世では、一種の記録法として、縄の結び方、木片の刻み目、絵文字などを用いたといわれ、その遺習は今日でも稀に目撃せられる。例えば秘密事項の備忘または暗号用の符諜として、利用せられるが如きである。しかし或る識者の説によると、仏教伝来に近い頃には、既にある種の文字が存在していたというが、未だその証拠が挙げられない。一説にはネパール梵字を用いたと主張するものがあるけれども、確証なき点においては、前説と択ぶところが無い。もっとも何らかの文字を用いたに違いないと推考すべき理由の多々あることは事実であるが、強いてここに述べる必要もない。

〔三〕

明確なる史実として完全に文字と文法が制定せられた時期は、六世紀末か七世紀の初であって、時の国王ソンツェンガンポ Srong-btsan-sgam-po の命により、宰相トゥミサムボタ Tu-mi San-bho-ṭa らの印度留学団が帰朝せし直後といわれる。（第九章「仏教の伝通」参照）

シトゥ Si-tu 文典解説書（第十二章参照）の所録によれば、西蔵文字の形体は、印度のナーガラ Nāgara 即ちナガリ文字を模して考案されたものと説かれ、またスムパ・ケンポ（第十二章参照）の印度西蔵仏教史パクサム・ジュンサン（同上）によれば、西蔵字の楷書体サプ Gśab といわれるウチェン Dbu-can 字は、レンツァ Lan̄-tsa 即ち所謂ネパール梵字と、カチェイゲ K'a-c'e-yi-ge 即ちカシミール文字とを模して作られ、またその行書体シャル Gšar といわれるウメ Dbu-med は、ワルトゥ War-tu 文字に一致せしめたものと説いてある。

いずれにしても最初は梵語系統の文字を基礎とし、これを適宜参酌して案出されたというに異論はない。而してその新造文字は、吾人の所謂《いわゆる》母音に相当する四種の符号と、父音に相当する三十種の文字とより成り立つ。これらの字母はただ梵字の列べ方を真似たのではなく、独自の主義の下に、西蔵語固有の音性変化に順応せしめて、字数と序列を定めたものである。（補遺「西蔵文字」参照）また単語の字綴法においても、やはり各文字の音性変化に応じ、一定の原則に従うて構成せられる。その他、句と文との綴り方に関する各種の法則はいうに及ばず、その根本原理をなせる字音性適用法の説明に至るまで、凡そ国文法として必要なる一切の事項を網羅して組織的に編纂されたものが、即ちトゥミ宰相の撰述になれる八編の欽定文典である。かように西蔵文化開発の第一歩において、厳粛なる王命の下に、一国の宰相が全責任を負うて、自国語のために完全なる文典を制定したという事実は、西蔵国史の上に永く不滅の光輝を放つもので、僅かに昨日まで全く無文状態に在った未開国が、一挙にしてかくの如き権威ある高級文典を世に示し得たことに対し、何人と雖も驚異の感を禁ずるものでない。

しかるに惜しいことには、当初八編の完璧は、その後一時文化破壊の厄に遇うとか、或いは筆写相伝の都合などで、その大部分は逸散し、現に残存するものは唯二編に過ぎないのである。ところが幸にもそれが該文典の枢軸をなすものであったから、文法の基礎には何ら動揺を来すことなく、如何なる国文の解釈にも支障を生ぜしめなかった。それら二編は今もなお西蔵の至宝として、仏聖の経典同様に尊重せらるる所以を惟うべきである。

〔四〕

現存二編の文典は、素より文法の根幹たるべき要点を簡潔荘重に論示したもので、例えば十を六に留めるような言い表わし方が多いために、後世の学者をしてすこぶる難解に陥らしめ、従って疑義、臆測、曲解、謬見の瀕出は避けられなかった。相当権威ある文法学者の所説に対しても、全幅の信を置き得ないのはこれがために外ならぬ。

かくて十八世紀の中葉（一七四四年）に至り、混沌たる斯学啓発の必要に促がされて、世に正解の大指針を示したものは、シトゥ・ケンポの解説書であることはここに贅言するまでもない。該書は実に欽定文典に対する最も忠実なる指南書と認められ、説く所一として肯繫に当たらざるはなく、原典のあらゆる疑義を通解して余す所がない。それのみでなく、他の諸学者の異見、邪説を悉く検討究明してその非を論駁するなど、凡《およ》そ学徒の知らんと欲する所を遺憾なく解答する点において、唯一無二の宝典というも過言でない。西蔵の世俗が、文法といえば直に該書を想起することによっても肯かれるであろう。しかしながら原典中他の六編の欠失は、該書によって漏れなく補われたというわけでなく、それについてはなお若干の疑問を残せることは、彼の著者自身も認める所であるから、斯学にも今後なお研究の余地あることが知られ、吾等学徒をして最後の終止点に向かって進むべき示唆を与えるものといわなければならぬ。

〔五〕

次に外国人にして西蔵文法の解説に先鞭をつけたものは、大部分が欧西人であることは、別記第十二章所示の如くで、彼らが所謂《いわゆる》「西蔵文法」と称して公表せるものの中には、かなりの名著述も少なくないが、憾《うら》むらくは、彼ら学者の主義として専ら欧西人本位の解説法に終始せしめたものであるから、最も肝要とする西蔵原文典の研究には直接に役立たないものである。漸く近代に及んで、印度や我が国の学者間に覚醒するものあって、その根本的研究の必要を痛感し、曾《かつ》て欧西人が試み得なかった所の新研究に向かって、敢然として邁進しつつあることは、東洋人のために大いに気焔を吐くものというべきである。

惟《おも》うにこの種の文法学の研究は、本然的に我が日本人の使命に俟《ま》つ所あって始めて能く達成せらるべき性質のもので、彼らの如き欧西語の思想を以てしては、根本的に無理が伴うことを察せねばならぬ。

〔六〕

却説《さて》、吾人はここに西蔵語について、論議すべき幾多の諸問題を控えているが、今は文法学上の専門的研究を試むべき場合でないから、本記の目的たる西蔵語の特性に関して、種々の角度から考察を向けてみようと思う。それは無論多くの言語学者によって、各自の持論が主張されているであろうが、吾々は別に独自の立場において、西蔵民族発展の経路に関連せしめて、その言語の由来する所から想像し始めるであろう。

西蔵原住民族に固有の言語が存在したことはもちろんであるが、果たして如何なる性質の言葉であったかが判然しない上に、彼ら民族自体が甚だ微弱な生存力しかもたなかった如く、その言語もまた影の薄いものであったらしい。別章「民族の由来」に所述の如く、彼らは後に優勢なるホル民族の来住すると共に、種族も言語も圧倒せられ、或いは絶滅するもの、或いは同化するものがあって、その主流は全くホル人に帰し終わった。故に今日の西蔵語の淵源を求めるには、是非ともホル人の発祥地たる中亜の言語にさかのぼらねばならぬ。それは現に新疆省西部地方における古城趾の地名の意義が、西蔵語によって解釈されるという事実が証明する所である。よって最初の西蔵語はホル人語を根幹として、これに幾分かの原住民族語が混化されたものと見る説は、当らずといえども遠からずである。

〔七〕

しかるに後代印度仏教を取り入れんがために、梵語に準拠して文字を作り、文法を定めた結果、在来自然のままに発達した野生語が精練されてその面目を一新したばかりでなく、それを基礎として、別に規則正しい完全な標準的の国文の誕生を見ることとなり、ここに日常の口頭語と記録用の文章語とが、画然として差別せられるようになった。現在の西蔵語に口文両語系が具わるはこれがためであって、ある学者の云う如く、文語を以て古語となし、口語を以て現代語とするの見方は当たらない。いま口文両語の差別につき明確なる観念を得るために、彼の権威あるシトゥ解説書所論の意に基づいて適当なる定義を下すならば、第一に両者の性質上の相違を示すには、次の如き言い表し方を以てする。即ち所謂《いわゆる》口語とは、日常一般に口頭にて用う所の自由な談話体の言葉であって、元来彼ら民族とともに起こり、自然的に発達し来ったものである。故にこれを自然語《ランケエ》Rang-skadとも或いは通俗語《ペエケエ》P'al-skadとも名づけられる。次に所謂文語とは、記録を本領とする文章用の言葉であって、文字と文法の制定を期として在来の口語を改良精撰し、字音の原理に順応するよう、最も厳正に規定せられたものである。故にこれを正則語《ケエタクパ》Skad-dag-pa或いは法語《チウケエ》C'os-skadともいわれる。

第二に発音上の区別としては、口語の方は自然語、即ち通俗語の音声それ自体であって、文字の存否如何にかかわらないものであり、文語の方はまさしく文字によって示された音韻であって、換言すれば、正則に綴られた所の語《ミン》Mingの構成文字が表わす通りの音の響きである。故に口語音は一に慣習に従って発せられ、原理や規則に適すると否とは問う所でない。これに反し、文語音は専ら原理と法則に適合するよう発せられねばならぬものである。よって文法学上、発音問題を論ずる場合の重点は、文語においてあることを了解せられるであろう。

〔八〕

次に従来世に漫然と論議された西蔵語の発音問題について、ここに慎重なる論究を試みるであろう。およそ現存の欽定文典が示す範囲においては、発音の根本原理は極めて明瞭であり、さらにシトゥ解説書によって、その真相を学ぶことが可能であるから、各字母独個の場合においても、或いは「語《ミン》」の機構分子たること、即ち単語綴としての場合においても、音韻の発出法、高低、強弱、硬輭の調子など、およそ字性の作用を示す音響的方面の理法は、大体会得し能う所であるが、吾々をしてやや不明の感を懐かしめるものは、その音色の点である。もっともこれは或る程度まで、現代語の口語音のたすけを籍りて、実地に学び得る所もあるが、果たしてそれが最初の原語を正しく伝えたものかどうかを判定すべき根拠が求められない。且《か》つ口語にも種種あって、ラッサ語を主流とせる中央語の外に、各地に色々の方言があり、それぞれ一得一失を有するから、基準音の決定が容易でない。しかしながら国語の基礎が定められた土地が国都ラッサであるという史実に立脚し、しばらくその地の言葉の正否の問題に触れることなく、事実に即して仮にそれを標準語と看做《みな》し、試みに字音を表示するならば、別記補遺の「西蔵文字」に掲げるが如きものとなるであろう。ただし該字表に示す所は、従来欧西学者の記し方と相違する点がある。それは元来人によってローマ字そのものの用法が一定しない上に、発音の標準が主として地方語にとられたからである。なお一事彼らの音表法に不十分なる点は、ただ音色を示すのみで音性別を明らかにしていないことである。正しき西蔵字母の発音法を学ぶには、音色とともに音調に留意することが肝要である。

〔九〕

次に「語《ミン》」の音に論及せねばならぬ。ここに「語《ミン》」というは、大体単語と見て差しつかえない。ただし広義の解釈でなく、唯一個の語をなせる場合を指すもので、即ち字母三十四種を以て、適法に綴られたる単一節の語なることを意味する。

さて単語の発音は如何《いか》にすべきかと云うに、その最も正しき方法については、やはりトゥミ宰相の原文典及びシトゥ解説書の所説によらねばならぬ。今抽象的ではあるが、その要領を簡単に定義するならば、凡《およ》そ「語」の発音法は、常に一定不変のものであって、些《いささ》かの例外あることなく、必ず字性の原理に準拠して、「その綴りの文字を、遂一漏すことなく、正しく響かすにあり」というべきである。何故こうした言い表し方をせねばならぬかというに、本来正則なる言語の音韻なるものは、その制定の当初において、これを適正に写し出すべく造られた文字によって綴られたものであるからして、いずれの時代に在っても、また何人によっても全くその文字が示す通りに、音韻を響かすことが、その語に対する最も正しき発音法となるからである。発音の本則はただこれだけのことで、詳細なる具体的の説明は文法学の所論に譲る。

〔一〇〕

なおここに序《ついで》ながら口語の発音についても一言せねばならぬ。前述の如く口語は自然の言葉が、慣習的に発達したもので、専ら音声上の存在を以て本領とするから、文語とは別系統に属する。たといその言葉が便宜上所定の文字で示された場合でも、或いはまた正しき文語綴として記されてあっても、或いはまた文語の一句一文を音読するときでも、全く口語独特の発音法を以てするのである。すなわち音便、拗音、促音、略音、変音など一に発声上の調子または都合次第で、全く自由自在に響かす所の慣習音であるから、文語音の原理法則を無視する場合が非常に多い。

試にその発音が如何に特殊のものであるかを、最も著しい語を例にとって、ローマ字音で示すならば、文語でDbugs（息《イキ》）という言葉は、口語音ではu'（ウーツ）であり、またBsgrubs（成就）はḌup（ルプ）となるが如きである。すべての語がかようであるとは云わないが、大部分が多少の相違を有するものと心得てしかるべきである。その他二語が連接して、熟語をなすが如き場合の諸変化も少なくないが、一一例示するの煩に堪えぬから省略する。

〔二〕

発音問題に関して特に一般の考慮を促して置かねばならぬことは、欧西の西蔵語学者中、西蔵語の発音法について根本的の誤解を犯している点である。即ちそれは彼らの所謂 Silent（無響）及び Irregular（変則）と名づける法則を指す。例えば多くの単語に見らるる前附字《ゼンジュク》 Rjes-ẖjug, 積重字《ツェンプュル》 Brtsegs-ẖp'ul, 再後附字《ヤンジュク》 Yang-ẖjug などに対して、本来発音せられざるものとなす誤解より、それらは恰《あたか》も英語などに見る如き Silent に類するものと看做し、本来西蔵文典にこの種の法則が実在するかの如く説くのである。故に原音をローマ字にて表わすときには、殊更にそれらの文字を異型となすか、或いは符号附きとして区別する傾向がある。変則音についても同様で、語によりてはその字綴と甚だしく相違する発音を固有せるものであるかの如く見なし、原音とは全く無関係のローマ字を当てている。

そもそもかような誤謬は何によりて起こったかというに、つまり彼らの口文両語に対する、明確なる識別観念の欠乏に外ならぬのである。もしそれが口語の文法を説く場合ならば、一応不可なしとするも、苟《いやし》くも文語の法則を論ずる場合に、漫然としてこの種の法則を持ち出すことは、疑いも無く西蔵文典の本則に全く無智なることを物語るに過ぎないのである。正しき文語の発音法に就いては、既にその要綱を掲げた通りで、如何なる例外法あることをも認めないのである。現存の欽定文典の何処にも、右の如き法則を説かざるはもちろんのこと、欠失せる他の六編中にも有り得べからざることであるから、全く彼等の謬見から生じた不当法則というより外はない。原文典の法則を知れるものは、これを一笑に附して止むであろうが、未知の学徒を迷わすの罪は軽からぬと思う。特記して留意を望む。

〔一二〕

次に吾人の研究すべき問題は、蔵語と漢語の間に、何らかの関連ありや否やということである。古の文献の示す限りでは、ただ梵語との関係が説かれてあるばかりで、漢語については全然記する所がない。もっとも欠失の六編中のことは保証し難いが、少なくとも現存二編には、その陰影すら窺われない。しかしながら西蔵に始めて文字が考案せられた当時には、恐らく唐朝の文化も幾分輸入されていたことと思われるし、また支那側の記録にも、紀元六四八年頃「ガンボ王が唐の天子に紙墨の匠を請うた」とあるに徴してみても、その頃漢字が伝わっていたであろうことが、朧気ながら想像されないことはない。従って或る程度まで漢字の影響を云為《うんい》することも許されるわけである。

もっとも右の記録を以て、漢字既存説を断定することは早計に失するが、しかしまた何がために紙墨の必要を感じたかという理由を穿索するならば、漢字使用の蓋然性が認められぬではない。何となれば西蔵文字に必要な紙墨は、その筆とともにすべて印度国境方面より産出するものに限られ、支那製のものではまに合わないからである。古来彼らの用うる筆は、竹片製のペンであって、毛筆とは全然違ったものである。従ってその用紙も、そのペン書に適するように作られたものである。また墨汁そのものも、普通の墨をすって液を作るものでなく、粉状または軟質の原料を水に溶解したものである。こうした点から察すると、唐に求めた紙墨は、恐らく西蔵字用のものでなくして、専ら漢字用のためであったろうことが推測せられる。よって暫く漢字既存説仮定の下に考究を進めるであろう。ただし史実としても国語に漢語を併用したという記録は未だ見当らない。またここに漢文との関係というも、西蔵語中に、ある漢文が転化して混入しているというような問題を指すものでないことを附言しておく。

〔一三〕

そこで右のような観点からして、漢語の影響が蔵語の上に現れているかどうかを検討するのであるが、素《もと》より漠然たる臆測たることは云うまでない。とにかくそれによると、両語の間に一種の共通性が認められることは争われない。

その類似点を比較するならば、第一には漢語の四声法の主義が、西蔵語の字性の上に影響を及ぼしているかと思われる点が挙げられる。この説明は両語の実例を掲げて対比せねばならぬが、それは甚だ煩鎖に堪えないばかりでなく、筆者は甚だ四声法に精通していないから、ここでは単に西蔵文字だけについて、その傾向を示すに止める。別項補遺の「西蔵文字」の音表によって大体想像されるように、その第一列のカ行においては、四字ともがほぼ同様の音色を示しながら、音性を著しく異にする。従って音調はあたかも四声の如き差別を生ずるのである。

次に第二、第三、第四、第五の各行では、始の三字がそれぞれ三声を具《そな》えるが、第四字は音調は兎に角とするも音色を異にする。その他のものでは、サ音、シャ音、ア音の三種が各々高低二声を具えるが、残余はただ一声のみである。取りあえず漢語との間には如上の相似点を見出すことは事実とせねばならぬ

第二には漢字即漢語である如く、西蔵語もまたその見方によっては、字即語なりと云い得る。ただしこれを文法上から厳格に論ずるときは、この見解は成立しなくなるが、今は事実に即した音声上の問題として取り扱われるから、まさに好個の対象たるを失わない。この理を説明するには、少しく文法論に触れなければならぬが、詳述すべき限りでないから、大体の抽象論に止める。凡《およ》そ西蔵語では原則として、ただ一字の「語」を認めない。一つの語には語基字の外に、必ず語尾字を具えねばならぬから、一語の綴りは、最少限度において、二字あることを要する。例えば単にཀ་（カ）とあるときは、原則として一個の文字たることを示したもので、他に何らの意義を含まないが、もしこれを「柱」の義に用うるときは、最早や字でなくして、完全に一の語となるから、基本文法の上では、これをཀའ་（カァ）と記す。ところが語尾のའ（ア）は実際発音のときには、その有無の差別がほとんど認められないから、従来これを省略するを法とせられる。よって字と語とはただ文法上の取り扱いだけに区別を附すべきもので、その新形体と発音との上では、全く無差別となる。この点において字即語という議論が成立つわけである。大体西蔵文典において、一般の精確さに似ず、母音父音の関係が不明瞭で、両音とも純性を欠く所があるは、彼のシトゥケェンポすらも疑問を懐く所である。必竟かような曖昧なる部分が残されたことは、創制者トゥミ宰相の過失でなくして、彼が漢語の主義をとり入れた結果の然らしむる所でないかと想像されるのである。（別

記補遺「西蔵文字」中、字即語の表参照）

第三には、文句を綴る場合に、字音性の適用を厳正ならしむる必要は、あたかも漢語の平仄法に類することである。蔵語においては普通の散文体なると、偈陀の詩文体なるとを問わず、或る種の助詞及び補詞を適用する場合と、特殊の熟語を作る際に、相関連せる前後の語の間において、字音声の合致と声音の調和とを必要とすることがある。この説明もまた文法学の範囲に属し、ここに述べるにふさわしくないがただその要綱だけは一応示さねばならぬ。即ち語句のつなぎとなる詞類の用法は、たといそれらが同じ意義をもつからといって、無差別に用うることを許されない。必ずその直前に存在せる語の尾字と字音性の合致せるものか、または音韻の調和せるものを択ばなければならぬ。なおそれと同様の法則が、熟語をなせる特殊の複合名詞においても適用されるということなどである。こうした文句の微妙な綴り方は、果たして西蔵語本来の特性であるかどうかを考えるときは、或いはそこに漢文の平仄法の理が加味されているのではないかと疑われるのである。因《ちなみ》に西蔵語の詩文体は、漢文や欧文詩の如く、句端の韻をふむものでなく、梵語の偈陀《ガータ》や我が国文詩の如く、単に語数を揃えて、それに調子とか味附けをもたせるための語が択ばれるに過ぎない。

〔一四〕

最後に西蔵語と日本語との比較に論及せねばならぬ。まず彼我の文字について考えるに、字形の上では偶然の符合がないではないが、原則としては全然無関係である。ところが字母としての特質の上では、少しく共通点が見出される。云うまでもなく、日本語では例えばローマ字などとは全く相異なり、純性の父字が存在しない。それと同様に西蔵の文字も、個々に取り扱われる場合には純性を欠いている（但し語を構成する場合は幾分ローマ字の主義に類する）。また日本語には五字の母音はあっても、むしろ変則的な存在で、ローマ字音の如き活用を有しない。かくの如く西蔵語の母音も変則的なもので、その形体をいえばローマ字主義に近く、実質をいえば日本字性を帯びている。実例を示さねば説明が徹底しないが、それは文法学に譲るの外はない。

次に語または単語について見れば、我は単節語と複節語とを兼有するに対し、彼は単節語のみである点において相違する。しかし漢語の如き単節型とは大に趣を異にするもので、むしろ梵語の如き複節語たるの傾向を帯びた単節語と見られる。

かように語の形体は彼我全く相異なるものであるが、日常の口語音を以て、談話体に発声するときは、日本語音に相似する点がある。それは語尾の父音を省略することが多いため、語端は常に母音で終る結果となるからである。この事実に立脚して、複節形のある日本語を単節の西蔵語風に分節してその意味を考えるときは、その西蔵語の表わす所が、不思議にも該日本語の意味に合致することがある。その実例は本章末尾の附言に掲げるが如きものである。

〔一五〕

次に彼我の言語を総体的に比較するならば、次の如き同異点が挙げられる。

第一に西蔵語に口語と文語の両系統が判然と分るるが如く、我が古来の語風においてもまたしかりというべきである。ただし発音という点になると、彼我おおいにその趣を異にする所以《ゆえん》は、既述によって自ずから明かであろう。

第二にものの言い表わし方が、殆んど我と同様で、漢語、梵語、英語などとは全く相違する。言語にも形式と内容の両方面を有するが、彼我の類似点は、その形式よりも内容の点において一層密接なるを思わしめる。その好適例は、同じ言葉の言い表わし方に、普通と普通以下と、敬語と最敬語または雅語などの差別が、組織的に明確に設けられ、用法が至って厳格なことである。それは特に口語において顕著なるもので、文語はそれ自体が高級な言語を以てせられるから、口語に比して差別の度が少ない。西蔵語における敬語類の多種多様なることは、到底我が国語の比ではないが、その使い方の点では、実によく符合している。例えば我が国語で最も上品な言い方と思われる言葉を、西蔵語に直訳したならば、そのままで彼らの辞令に合致するであろう。かように対等同士、或いは目下に対する言葉づかいの点においても全く同様である。吾々が西蔵語を学ぶとき、他の外国語に習熟するよりも、一層本格的な結果を得られる所以はここにある。

第三に、彼我の相異点を指摘するならば、それは極めて部分的な問題であるが次のような二点が挙げられる。その一は普通文法学でいう形容詞、またはその性質を帯びた句、または短文の用法は多くの場合その被形容詞部の直後に置かれることであり、その二は否定詞のある一種に限り、否定すべき語の直前に置かれることである。今は文法を説明する場合でないから、これ以上の論議を差し控えるが、しかしこれにやや似た用法が我が国語における特異例として存在しないわけでないから、絶対的の相違点と見ることは躊躇しなければならぬ。

〔一六〕

因《ちな》みに近時或る西蔵学者は、我が国の古語中に西蔵語が混入しているという説を立て、古来意味不明と思われた日本語を西蔵語によって解釈できる実例を示しているが、果たしてそれが可能であるか否かはしばらく別問題として、その蓋然性は確かにあり得ると思われる。それは別章所々で言及したように、西蔵民族の発祥地が中亜にあるから、同じくそこを基地として蒙疆満鮮方面を経由した民族の一部が、曾て我が国に渡来したものと考えられぬではないからである。我が国古代民族中には原住者の外に、南洋方面からの漂流者も少なくなかったであろうが、また北方大陸方面より来住者も絶無とは考えられない。中亜の地名が西蔵語で解釈できる事実に徴して想像されるが如く、当方面においても、少しく縁遠い感がないではないが、蒙満鮮日の言語中に、西蔵語と同義のものが発見されたとて決して不思議なことでない。

なおここに右のような不明語の解釈とはやや観点を異にするが、我が国の在来語中、意義の明瞭な言葉のなかで、それを西蔵語風の単節語式に分解して考察するときは、その西蔵語義によって、日本の語原に関する意味の解釈がつくという事実を見逃すことはできない。若干の例を掲ぐならば、神、尊、帝、柱、社の如きがそれである。即ち「神《カミ》」はこれを西蔵語で音訳すればMk'aẖ-mi（＝ka-mi）となり、それは「天人《カミ》」を意味する。またこれをBkaẖ-mi（＝ka-mi）と解すれば「勅命人《カミ》」となり、いずれにしても神の義に通ずる。同様に「尊《ミコト》」はMi-ko-mt́o（= Mi-ko-to）で、「高き位にある人」即ち高位の人として語順は転倒するが、既述の如く、形容詞性の語句は被形容性の語句の後に置かれるから、大して意味に変わりはない。また「帝《ミカド》」はMi-bkaḥ-mdo（= Mi-ka-do）で「命令の要綱をなす人」、即ち「要領を勅令する人」の意に解せられ、「柱《ハシラ》」はLha-gsi-ra（= ha-si-ra）で「神の基の柵」を意味し、そのra（柵）とは棒柱などを立て廻ぐらすの謂である。「社《ヤシロ》」はYag-gši̱-logs（= ya-si-lo）で、「善き基の方角」と解せられないことはない。なお地名の如きも、「山《ヤマ》」などはYa-ma（上下）の義から出たものとも思われ、従って「やまと」はYa-ma-mt́o（= ya-ma-to）で「高き山」を意味し、「奈良《ナラ》」はGnaḥ-ra（= na-ra）に通じ、「ナ」とは野生の大羊で鹿に似た獣であり、「ラ」は前記の如く柵である。また物の名では、「神楽《カグラ》」はMkaḥ-sgra（= ka-gra）と解せられ「天の音響」を意味し、「屠蘇《トソ》」はLto-gso（= to-so）で、腹または胃を医するもの、即ち腹薬の意味を示すなど、その例は決して少なくない。もとよりすべてが牽強附会であるにせよ、それほど符号する言葉の多いことは、強ち偶然とばかり見られない。彼我の言語関係を、こうした方面から比較研究することもまた無意義でなかろうと思う。

第十二章　西蔵学とその資料

〔一〕

西蔵が古来久しく鎖国状態に置かれたことは、諸般の研究上に著しき阻碍《そがい》を来したことは勿論、今なお体系を具備した叢書類が現れない理由は全くここにある。従来西蔵学の研究法として採られた途は凡《およ》そ三通りある。

その一は現地において、専らその国固有の資料に基き、直接考究を行うものであり、その二は支那及び他の外国文献を通じて、間接的に試みられるものであり、その三は前二法の併用によるものである。もとより第三法を以て理想的とするが、少なくとも西蔵の現状においては、その実行は不可能でないまでも、極めて困難であって殆んど絶望に近い。しからば現在の西蔵学はどの程度まで開拓されているかというに、その範囲を具体的に示すことは容易でない。

例えばこれを我が国の場合についてのみ云うならば、仏教関係の研究は不完全ながらも徐々に進みつつあるが、一般の文化的考察とか、自然科学の方面にはいまだ手のつけられない部分が多い。

右に反し、欧西諸国ではすべてが組織的で、積極的に進められていることは事実である。概論するならば、欧西が原動力となって、東亜が引きずられている貌《かたち》というべきである。今さら過去の立ち遅れを云為するも無益であるが、吾人としては、今後の研究方針に向かって態度を決するため、従来世に示されたる西蔵学の資料を一瞥しおくことが肝要と思う。もとよりなお揺籃時代に属する斯学《しがく》のことであるから、豊富な資料を期待するわけに行かないが、その数量と種類は相当に多いといわねばならぬ。またこれら文献用語の種類にしても、漢・蔵・欧の三類に大別せられ、日本人にとってはかなり厄介な資料である。今これらを分類して系統的に列挙することは困難であるから、その主なるものを適宜に拾い上げる程度に止めるであろう。

〔二〕

まず支那所伝についていえば、その比較的古い時代の記録と思われるものは後漢の西羌伝、隋書附国伝の如きものであろう。それらに亜《つ》いでは、新旧唐書の吐蕃伝、蒙古源流、八思巴彰所知論、元史、明史などであり、近世では清朝の公記録の外に個人的の著作が若干見られる。

次に西蔵固有の文献は、すべて七世紀以後に属する蔵文記録であることは云うまでもなく、且《か》つその大部分が仏教または同系統のものである。最も古い記録の一つとして、仏教説話を伝えた聖典に、マニカンブムMaṇi-bkaḥ-hbum（十万宝詔）というのがある。この著者は疑問に附せられてあるが、一般には西蔵最初の仏教国王（王統でいえば第三十三代）ソンツェンガムポSrong-btsan-sgam-poの重臣によって執筆せられた王の遺訓といわれる。この書の内容は観音を中心として西蔵の国土、人民、君主、宗教に関する仏教説話を、神秘的に叙したものである。歴史的価値の少ないものであるが、西蔵の国柄を窺うに好個の資料となる。次に上代の史的叙述を主とするもので国家的権威をもたせたものには、タンイグ Tʻang-yig という正史があり、国史家の典拠となるものである。次に中世以降近世に至る史実を伝えたもので、著名なものを順次に掲げるならば、まず十三世紀中葉におけるサキャパクパ Sa-sḵya-hpʻags-pa の仏教史があり、次に十四世紀初葉（?）におけるフトゥン・リンポチェのチゥチュンチェンモ Bu-ston-rin-po-cʻe, Cʻos-hbyuug-Cʻen-mo あり、さらに十五世紀初葉においては、考証の正確さを以て聞えたるシュンヌルペェのテプテルゴンポ Gš̱on-nur-dpal, Deb-tʻer-sngon-po が出で、十七世紀中葉には、ダライ五世ロプサンギャムツォ Blo-bs̱ang-rgya-mtʻso の仏教史があり、十八世紀中葉（一七四七年）に及んでは、博《ひろ》く内外に知られたるスムパ・ケンポ、エセペンジョルのパクサムジュンサン Sum-pa-mkʻan-po Ye-šes-dpal-ẖbyor, Dpag-bsam-ljon-bsang が見られる。この書は印度及び西蔵の仏教伝通模様を詳述したもので、それを一九〇八年に印度の西蔵学者サラット・チャンドラ・ダス（S. C. Das）氏が、改めて西蔵活字版にて印刷し換え、且《か》つ同氏の英文索引を附して出版された。次に宗教専門関係のものでは、仏書として豊富なる作品を見ることは、仏教国当然の事である。個々の典籍はしばらく別として、古来最も著名なるものは、云うまでもなく西蔵大蔵経である。（この詳細は別記補遺「西蔵大蔵経」に譲る。）またボン神教に関するものでは、「十万白龍」Klu-hbum-dkar-po,「十万黒龍」Klu-hbum-nag-po,「十万斑龍」Klu-ẖbum-kʻra-po,「大宝律義」H̱dul-ba-rin-po-cʻe その他のものがある。

次に語学書については、古来西蔵の欽定文典とせられるドゥミ・サムボタ Tʻu-mi-sam-bho-ṭa 宰相の制定にかかる八編の文典中その根本の二編が現存し、通常その編名を略称して、スムタク（Sum-rtags）として知られる。これに対し幾多の解説書ある中、最も権威あるものは、シトゥチゥキジュンネェ Si-tu-c'os-kyi-hbyung-gnas の解説書《レエバ》（ḥgrel-pa）である。

近世以降欧西学者によって試みられた所謂西蔵文法書の類も少なくないが、それらはほとんど欧西人本位の通文典式の解説法に従うもので、西蔵固有の原典を直接に解釈したものでないから、専門学的価値に乏しい。但し日常談話体の所謂口語文典に関するものには、やや見るべきものがあって、実地に役立つ所が少なくない。（詳細は後述補遺〔四〕の末段に譲る。）

〔三〕

次に人文学的研究書として、西蔵原書のまとまったものが望まれないが、各種の資料より適宜蒐集するより外はない。文学的のものとして古来人口に膾炙《かいしや》されるものは、十七世紀末におけるダライ第六世ツァンヤンギャムツォ T'sangs-dbyangs-rgya-mt'so の作といわれる情詩集である。恋情に事よせて、終《つい》には仏法の信仰に導き入れることを目的としたものである。また、聖ミラレパ Mi-la-ras-pa の「十万歌《グルブム》」集 Mgur-ḥbum と呼ばれるものは、彼が各地行脚中に、民衆教化のために歌った叙情詩である。地方の人情を窺う好資料とせられる。文芸的のものには、小説または脚本に類する作品があって、主に演劇用に供せられる。それらは古の国王、教主、将軍などを主人公とする伝記または物語に取材したものが多い。ボン神教的のものには所謂《いわゆる》「悪魔踊」などを筋書としたものがあり、特に欧西人間に興味をもたれる。

その他美術、工芸、医術、天文などに関する専門書もあるが一般的のものでない。

〔四〕

欧西人または他の外国人らによって与えられた西蔵学関係の各種資料を一まとめとして下に列記する。（岩井大慧氏の「西蔵文化」による所が多い）

最初に旅行記類の主なものを挙げるならば、古い所ではマルコポーロ Marcopolo（一二七一――一二九五年）の紀行文であるが、彼は実地入蔵することなく、ただ事情の聞き書を発表したに過ぎないから、その価値のほども自ずから限りがある。欧西人で始めて西蔵内地に足跡を印したものは、十四世紀頃の宣教師オドリック氏で、その記録は欧洲で最初のものといわれる。十五世紀には印度モーゴル王朝の勇将 Mirza Haidar の西蔵遠征があり、その記録として十六世紀中葉に出版された "Tarikh-i-Rashidi" がある。十七世紀にはポルトガル耶蘇会《イエズス》士 Antonio de Andrade の西蔵通信があり、続いて Johannes Grüber 及び Albert de d'Orville の二氏の旅行記を見る。十八世紀の初葉には Ipporito Desideri の入蔵記あり。また Orazio Dellapenna 及び Samuel van de Putte 二氏の紀行が出た。十八世紀の後半には George Bogle 及び Samuel Turner の入蔵報告書がある。十九世紀の初には Thomas Manning, 同中葉には E. R. Hüc 及び J. Gabet 二宣教師の紀行が公にされた。また同中末葉の交に、蒙古系の印度人 Nain Sing 及び Krisna の二氏が相前後して入蔵探検し、その時始めて拉薩の経緯度が測定された。同末葉には、Prjevalsky の入蔵あり。次いで W. W. Rockhill の「蒙古西蔵旅行日記」及び「ラマの国」が公にせられた。次いで Gabriel Bonvalot, Herid'Orleans, Montgomery, Walker, Bower, Welby, Deasy らの諸探検家の記録が相次いで出版された。二十世紀の初には、Sven Hedinの蒙蔵探検が数回行われたことは特に世に知られ、その著述中“Trans-Himalaya 1910-'13及びSouthern Tibet etc., 1915-'22などが有名である。これについでWilhelm Filchner及びP. K. Kozlovらの入蔵報告書があり。またGraham Sandbergの著The Exploration of Tibet etc., 1904も有名である。なお西蔵古今の事情を要領よく述べて、その真貌を知らしむるものはSir C. Bell氏のTibet, Past and Present. 1924と、The People of Tibet. 1928（Oxford）である。

次に仏教研究書の主なるものに、G. F. Köppen著の「仏陀の宗教」、があり、Emil Se-hlagintweit著の「西蔵仏教」及びL. A. Waddell著の「西蔵仏教即ちラマ教云々」、と「ラサとその奇蹟」と「西蔵奇踊の動機」とがある。その他I. Popov氏の「西蔵におけるラマ教の歴史、教義、教判」、G. Schuleman氏の「ダライ・ラマ史」、A. Grunweddel氏の「西蔵及び蒙古の仏教神話」、F. Pander氏の「ラマ仏像図彙」等がある。

次に語学に関するものには、Georgius氏の「西蔵語彙」を始めとし、B. H. Hodgson氏の「ネパール及び西蔵の国語、文学、宗教摘要」があり、更に完全なる研究書としては、A. Csoma de Koros氏の「西蔵文法」及び「蔵英字典」とがある。次いでI. J. Schmidt氏及びP. E. Foucaux氏らの語学書も見られる。またH. A. Jaschke氏の「蔵英字典」、「簡易西蔵文典」は殊に有名である。更にS. C. Das氏の「英蔵字典」と「西蔵文法」出で、これによって西蔵語学も漸く軌道に乗り出した観がある。なお現代口語の学修上標準的のものはC. A. Bell氏の“Manual of Colloquial Tibetan”及びV. C. Henderson氏の“Tibetan

Manual" などである。

斯様に西蔵学に関する資料の提供者は、その大部分が欧西人で、東洋人は実に寥々《りようりよう》たるものである。我邦人の如きは殆んど論ずるに足らない有様で、今日まで入蔵者として知らるるものは、寺本婉雅、河口慧海、矢島泰次郎、多田等観及び筆者の如きものに過ぎない。これら諸氏の著述も若干公にされてあるが、その主なるものをいえば、河口氏の入蔵記、西蔵文典、寺本氏の文典その他、多田氏の大蔵経目録、及び筆者の西蔵遊記その他などである。

補遺

補遺

第一項　ダライ十三世と東亜の変局

〔一〕

凡《およ》そ西蔵の王政、封建、教主制の各時代を通じて、史上に輝かしい名を留めた人物中、特に近代史に異彩を放つばかりでなく、優に東洋史上にも特筆せらるべきは、ダライ法王十三世である。実名をトゥプテェンギャムツォ T'ub-bstan-rgya-mt'so と云い、一八七六年に生まれ一九三三年五十八歳にして歿した。彼の前半生は専ら仏学にいそしみながら、比較的平和裡に過ごされたが、後半生においては、すこぶる波瀾曲折に富む数奇の運命に弄ばれつつも、克《よ》く国家の危機に対処して動向を過ることなく、徐々に革新の実を挙げたことは偉とせねばならぬ。惜しいことには、志半ばにして早世したことは、西蔵のために不運であった。

彼の事蹟として物語るべきことは少なくないが、今吾人として知らねばならぬことは、事蹟そのものでなくして、彼自身の動向が如何に東亜の政局に、深刻な影響を及ぼしたかについてである。

〔二〕

この問題を論ずるには、大体次のような二大事件を枢軸として、諸方面に言及されるであろう。二大事件とは、即ち英蔵事変と支蔵内訌事変をさす。

まず前者の問題より説き始めるならば、既に別章「国史略説」において述べた如く一九〇三年末より、一九〇四年九月に及ぶ英蔵事変において、英軍のラッサ占拠は西蔵にとって実に未曾有の国難であった。当時西蔵の教皇として、また近隣諸邦を含む無慮幾十百万に及べるラマ教徒の尊崇を一身に集め、神聖無比の活仏と信ぜられたるダライ・ラマが、異人種異教従たる外国の侵入軍に脅かされて、遠く国外万里の空に亡命を余義なくされたということは、未《いま》だ曾て国史上に前例を見なかったのである。彼の時、ダライは一旦蒙古に落ちのび、転じて支那に移ったことは、当時世界の耳目を聳動《しょうどう》した事件の一であったが、我が国ではあまりそれに注意を惹かされるものがなかった。それは云うまでもなく、時まさに我が国力を賭して、日露戦役に邁進しつつあったためである。亡命のダライはその後、山西五台山に駐錫することとなった。既に日露間に和平克復し、我が朝野競って海外雄飛を叫ぶ時、仏教界の識者が、彼のダライに著目しない筈はない。この機を逸せずして彼我仏教徒の提携を企図せしは、当時の真宗本願寺派管長大谷光瑞師であった。師は今は故人となった令弟尊由連枝を代理として支那に特派し、五台山上においてダライと会見せしめた。その際直ちに具体的の結果は何ら得られなかったにしても、我が方としては、従来疑問であった西蔵の真相が判明し、彼の方としては、初めて日本に大乗仏教の隆盛なることを知得し、提携の価値とその可能なる所以を確認し、実現に考慮せんことを約した。禁断の国を出で、始めて世界の活舞台を見せつけられたダライが、その頃の述懐について後日聞く所によると、今まで世界一の強国と聞かされていたロシアと戦って勝った所の日本は、将来最も恐るべき国である。そこに弘《ひろ》まる仏教こそ、自分がまさに知らんと欲する所である。今次図らずも仏教界の代表者と会することを得たのは、仏天の加被力のしからしむる所と感謝しているが、自分に対して日本政府がついに何らの意志表示を見せなかったのはどうした事か、と不満の意を漏したということである。

これは真に些細な問題であるが、以て如何に我が当路が西蔵に無関心なるかを物語るばかりでなく、それがために、東亜における当時の英露の動向について、その真相を看取し得なかった一因が作られたことを示唆するものというべきであろう。

〔三〕

次に支蔵内訌事変とは、一九〇九―一九一〇年における、支那軍の西蔵攻略を指す。これは最早未曾有とは云われないが、その重大性においては英蔵事変に超ゆるものである。即ちそれはダライ十三世再度の亡命であって、「国史略説」に述べた通り、支那軍の来侵によって法王以下、西蔵政庁の全機関を挙げて英領印度に逃避した事件である。嚮にダライが支那に亡命したときは、国都ラッサには政府の代行機関が残されていたから、そこを攻略したイギリス軍は、都合よく現地にて講和条約を締結し全軍を撤収することを得たが、今度はラッサに何ものをも停めなかったので、勝ち誇った支那軍も施すべき術がなく、徒《いたずら》にイギリスをして漁父の利を占めさせるの愚を学んだに過ぎなかった。

かくて事件は支那政府と英印政庁との交渉に移り、ダライ教皇問題の今後について議せられた。英支の間には主張に相当の喰い違いがあって容易にまとまらず、ダライの在印期は長びくのみであった。その間イギリスが百方手を尽して、西蔵工作を廻らしたことは云うまでもない。陰に陽に西蔵を援助して、蔵領内に侵駐せる支那軍を退かしめ、終《つい》に二箇年後には、ダライをして難なく帰還せしむるに至った。西蔵をしていよいよイギリス依存の念を強からしめ、支那の宗主権を有名無実ならしめたのはこの時からである。この事実はダライの実力に対する認識が、当の支那に無くしてかえって英国に有ったことを証するものであるが、もしも支那が以前の如き満洲王朝であったならば、かくの如き大失策はせずに済んだであろうと思う。

〔四〕

次にこの二大事件が、ダライの対外関心に如何なる影響を与えたかというに、支那亡命に際しては、清帝の好意を多としたにも拘わらず、政府当局のとった誠意なき措置に対しては、少なからぬ不満の念を懐いた。支那政府としては当然の態度とは云いながら、ダライが希望せるが如き行動の自由は与えられなかった。例えばダライと外人との会見には、支那政府の許可を要するとか、各地霊蹟の巡錫を欲しても拒否されるが如きことである。

かように皇帝と政府の態度が一致しない所以は、啻《ただ》に政治上の問題のみからでなく、やはり民族的感情の加わる所があったと想像される。現に西蔵人が当時の支那軍民を蛇蝎の如く嫌いながら、清帝のみに対しては相当の敬意を以て臨んだことによって窺われる。こうした感情的傾向は、やがて全蔵の人心が支那より離叛するの動機をなすものである。その後西蔵は果たして自治の昔に立ち還らんとする意識に目ざめ、清帝の退位について共和制の出現を見るとともに、いよいよ独立の胎動を起こし始めたことが、支蔵内訌即ち支那軍の西蔵蹂躪となったわけである。その結果はついに西蔵をして、イギリスの懐に飛び込ましめ、清朝二百年間の収穫を一朝にして灰燼に帰せしめたのである。

右に反し、ダライが印度亡命に際しては、彼は印度総督の賓客としてカルカッタを訪問せしときの如きは、まさに一国の君主的待遇を与えられた。その他印度各地の仏跡巡拝の如きも、彼の全く自由行動に委するため、非公式にあらゆる便宜を計った。彼の印度滞在は各地を通じて、およそ二箇年に及んだが、その間彼はあまり自由を束縛されるようなことはなかった。外人との接見の如きも、事実上殆んど開放的で、一々正式の許可を当局に求むる必要はなかった。ダライ及びその一行たる政府要路の大官連が、印度滞在中の見学によって獲得した新知識は彼らにとっては莫大なるものであった。即ち彼らは曾《かつ》て支那亡命の際に求めて得られなかった所のものを印度において与えられ、始めて世界の状勢の真相を教えられ、最新文化の実物教育を授けられた。彼らが本国に帰還の途上より、既に新文化の施設に着手し、総て範を印度に模したのはこれがためである。古来異人種、異教徒として忌避せしイギリス人に対し、いよいよ信頼の念を深からしめた理由を想《おも》わねばならぬ。

〔五〕

ダライの印度滞在中、外国の仏教について新しい関心を持ち始めたことは特筆する必要がある。その当時欧西人にして、ラマ教研究を目論《もくろ》み、はるばる来印するものがあり、ダライはそれらの人々に対し、できるだけの便宜を与えた。ある一人の如きは、特に西蔵内の指定地まで入国することをも許された。

しかるに彼が仏教国として期待していた我が国からは、欧西人の如き熱心家が現れなかったことを意外とした。ただ本願寺との関係のみは、先年支那の五台山以来の因縁で完全につながれ、最初の試みとして、相互の使節または留学生の交換を行うべき手配が廻らされた。彼はこれによって日本仏教研究の試金石たらしめんとするのであった。まず彼はその愛弟子中より、聖者の化身と信ぜられる一僧正を択び、それに数名の随員を附して我が国に派遣することとなった。これに対し、本願寺よりもまた、筆者等二名がラッサに特派されることになり、始めて目的実現の第一歩が踏み出された。ダライの方ではこれを機会に本願寺を通じて、我が政府に対しても研究生の交換を提議したが、我当局のにべない拒否に遇うて画餅に帰したことは止むを得ないとして、さらに遺憾なことは、今後本職寺との関係を継続することも中止して欲しいとの当局からの注意があったことで、それがためダライと本願寺との提携は、ただ一回限りの交換で終局を告げるの止むなきに至った。我が当局の注意というのは、支英との国交上に、望ましくない結果を生ぜんことを憂うるからであるというのである。

かくしてダライ法王もついに、所謂「仏教国日本」には、最後の望みを失い、光瑞師も時機尚早の嘆を残して止むの外はなかった。

〔六〕

以上述べた所は、彼の二大事変において、ダライ十三世に対する英支の態度と、ダライその人の心境と希望などに関することを主としたものであるが、次に彼の行動が東亜の政局に如何なる影響を及ぼしたかについて、やや詳細に記してみよう。

まず英蔵事変に関しては、最初イギリスは西蔵問題について、支那及びロシアより協同排撃を受けていたから、早晩何らかの積極的行動に出るであろうとは予期されないではなかったが、何故にイギリスが特に一九〇三、四年、即ち明治三十六、七年を択《えら》んで軍事行動を起こしたかという問題を、吾人は特に慎重に考慮せねばならぬ。

そもそもイギリスが軍を西蔵内に進め入れたのは、西蔵討伐が本来の目的でなくまた支那の抗英態度を衷心より憎んだためでもない、目ざす真の仇敵は、支蔵両国を操って、反英行動を指嗾《しそう》する所の、帝政ロシアに外ならぬことは、追って説く所によって明かとなるであろう。西蔵にもしロシアの勢力が浸潤したならば、その脅威を全分に感ずるものは英領印度であることは云うまでもない。夙《つと》にロシアの陰謀を見破ったイギリスは、彼の西蔵工作を破壊すべく待機していた折柄、日露関係が悪化して開戦は避け難き状勢となった。イギリスは実にこの機を狙って西蔵出兵を断行したのである。果たして日露の間に戦端は開かれ露軍は連戦連敗の憂目に遇い、西蔵問題などを顧るの余力はなかった。これがためイギリスは予て憂慮されたロシアの西蔵救援は最早意に介するの要なくまた蔵領内における支那軍の抵抗を受けることもなく、ただ西蔵軍のみを蹴散らして易々として進撃を続け、一九〇四年八月には見事ラッサを陥れた。この戦争において支那軍が毫も交戦することなく撤退したことは、すこぶる奇怪とせられる所であるが、その魂胆は戦争の責任を西蔵だけに負わしめて、事件の性質を局地的の問題に止め、イギリスに多くの口実を与えしめないためであるが、その余にはロシアの後援が期待できなかったという点も想像せられる。つまりイギリスをして、思う存分西蔵問題を処理せしめたものは、支那の後退とロシアが手を引いたことによるものであるが、さらにその根本原因をなすものは、露支をしてかくあらしめた所の日本の戦勝力であらねばならぬ。

〔七〕

以上の如く観じ来るときは、イギリスはまことに偶然の好機を僥倖したかのように思われるが、事実は決してさように単純なものでなく、彼の深謀遠慮は夙《つと》にこうした事件の発生を見越して万事に遺漏なきよう予め手配されていたことが知れるのである。それは即ち一九〇二年における日英攻守同盟である。

当時我が国民はこの同盟を以て無上の誇りとなし、大樹の下に歩み寄った想いをなした。実際またそれに違いなかったであろうが、しかし試みに思え、名実ともに世界の最大強国を以て自ら任じた当時のイギリスが、漸く極東に名を挙げたばかりの一小島国と攻守を契るような重大な同盟を結ぶいわれが果たして那辺に存するかを。もとよりロシアの満鮮侵出は、我が国の脅威であったことは否定されない。また同じ年度にはシベリア鉄道が完成して、いよいよ我が国に危機の迫るかに見えたことも争われないが、それがために我が帝国は微動だもしなかったことは誰よりも我が国民の熟知する所である。しかるに彼のイギリスは、まさに大国難が日本の頭上に降りかかるが如く言い寄って、恩に被せての同盟を押しつけに来たものであって、内実はロシアの極東政策を粉砕して、自己の既得権の優越性を維持せんがための具に供するつもりであったに過ぎない。仮にロシアが極東において野望を達したとするならば、イギリスの権益が蹂躙されるばかりでなく、シベリアより蒙古、新疆を通じ西蔵を操縦して、イギリスの宝庫たる印度に脅威を加えることは必然である。こう考えたイギリスが我が国に向かって同盟を売りに来たことは当然すぎるほどの勢いである。我方はそれと知ってか知らずにか、直ちにそれを買って出たことは、全くイギリスの思う壺にはまったわけである。しかし彼は流石に老獪なだけあって、新興日本の実力と、将来の膨張性を見抜くの明があったことは認めて可なりである。

案の定、一九〇四年には我が国がロシアを撃滅しつつある間際に乗じて、彼は西蔵に優越なる基礎を築き上げ、ロシアの南侵を完封し、大印度の保全を鞏固ならしめ、また一方においては、我の最後の勝利によって支那の独立は確保せられ、イギリスの在支権益もその余慶を蒙ることを得たのである。西蔵問題と我が国とがかくの如き微妙なる関係にあったことを最もよく知るものはイギリスであって恐らく当の日本が夢想だにもしなかったことと思うのである。

〔八〕

西蔵問題と日露戦役の関係において、イギリスの得る所が即ちロシアの失う所であるは云うまでもないが、そのうち事変の表面に現れない、ロシアの失望が一つあることを記さねばならぬ。それは英軍が西蔵に侵入した時、かねてよりニコラス帝の個人使節として駐蔵し、ダライ十三世の政治顧問となっていたブリアト人の怪僧ドルジェフは、ダライに亡命の安全なるを勧告した。ダライはその言に従ってラッサを去った。その時ドルジェフが露帝より授ったといわれる使命はまずダライを蒙古に導き、それよりブリアトに出で、シベリア鉄道にて露都に迎えんとするにあった。亡命の一行はその予定の如く行動して、蒙古まで落ちのびた。ところがそこで始めて露軍連敗の報を聞き、俄《にわか》かに露都行を中止して、支那に向かわざるを得なかったのである。

この事件は一見些細なようであるが、元来ダライの動向というものは西蔵の国運を左右するほどのものであるから、その点から考えるときは、彼の場合にもしも露軍が不利でなかったならば、ダライは予定通り露都に向かって進み、幾日かの後にはニコラス帝の国賓となったであろう。仮にそうなったときの西蔵問題を想像してみると、恐らくそれは現状とは全く相違した関係が、蔵・支・英・露の間に生じていたであろう。吾人はここにもまた日本軍の戦勝が或る事件の発生を未然に防止したことを学ぶとともに、それが偶然にもイギリスにとって、幸運を意味するものであることを痛感せざるを得ないのである。

〔九〕

次に一九一〇年の支蔵事変において、西蔵をめぐる英・支・露三国の情勢を見るに、西蔵自身は大体反支親英の傾向にあったことは当然であるが、不可解なことは既に一九〇七年の条約によって、最早西蔵に手出しのできなくなっている筈のロシアが、いつの間にか再び隠然たる勢力をもり返しつつあったことである。今度は以前のように実力を以て援助せる形跡は明らかに認められないが、密かに使節を出入せしめてダライを指導し、イギリスの工作の裏をかく手段だけは怠らなかった。その頃ダライの側近として、ブリアト生まれの「蒙古少年」と呼ばれる一人の怜悧な小僧が、常にダライの扈従《こしょう》役をしていた。ラッサの人々は彼のことを「法王の愛寵者」と称した。それが実にロシアからの廻し者で、ダライの行動を監視すべき重大任務を帯びていたのである。

さて今次支那の西蔵討伐の目的は、表面上は、ダライの不信を膺懲するというにあるけれども、その真意はやはりイギリス勢力を駆逐するにあったことは勿論である。しかし清朝時代とは異なり、現共和政府の当局は、ダライ及びその教徒たる西蔵国民に対する認識に欠くる所あり、ただ武力を行使することのみで西蔵問題は解決できると思い、討伐軍をして一挙にラッサに進撃せしめ、ダライを虜にして法王位を剥奪し、教権を停止せんと試みた。ダライの方では早くもこれを感知して難を印度に避けた。その結果は全く支那政府の意図に反するものとなったことは既述の通りであるが、この際にもまたロシアの動きとして見逃せないものがあることを注意せねばならぬ。それは丁度嚮《さき》の英蔵事変に、ダライが露都に亡命を試みんとして失敗したことと同様で、今度もまた最初は露都行を計画したのである。ダライを始め法王庁内の親露派は一斉にその議を主張したが、いよいよ実行の段になると、種々の危険が考慮されるので、暫く躊躇せざるを得なかったところへ、イギリス側から印度避難の最安全なるを勧告した。かれこれ思案を廻らすうちに、早くも支那軍は破竹の勢いを以てラッサに迫って来たから、最早前後を考える遑《いとま》なく、印度境をさして逃避したわけである。

本事件の裏面における真相はただこれだけであるが、事実上当時の情勢から判断すると、ロシア行の挙はほとんど不可能に近いものであった。それにも拘わらず最後まで初志を翻えさなかったことほど、彼らの親露精神は強かったのである。およそ事件の表面に現れない事実は、世人の認識に上らないのは当然であるが、既にその真相を学び得たる吾人は、今一度ロシアの対蔵工作の徹底ぶりを見直す必要がある。結局それは四囲の情勢から不成功に終わり、今や西蔵は親英派の跳梁する所となったけれども、過去におけるロシアの魔手が再び伸ばされる日には、形勢の逆転は必然であろう。しかし吾人がやや疑問を懐く点は、帝政ロシアの政策は、ラマ教の利用を以て基根工作としたものであるが、今後のソ連は果たして何を以てするか、ということである。

第二項　年暦算出法

〔一〕

中世以降の西蔵史伝に用いられた年暦または年代の記法は、ラプチュン Rab-byung と称する六十年周制を以て、一時代を計る基準とするものであった。これは支那の干支法の主義に、印度のブリハスパティチャクラ Vrihaspati-Chakra 法を組み合わせたものである。干支法によった点は、所謂《いわゆる》五行に男女両性と十二種の動物名とを配した所にある。ただし支那流に十干の如き甲乙丙などの因有名称を設けることなく、五行に男女両性を配する呼び方はむしろ我が国の兄弟《エト》の称え方に類するというべきである。動物名においても、漢語の如き子丑寅などの特称語を用うることなく、日常用語そのままで、鼠、牛、虎などの普通名を以てする。また五行ということも、これに相当する西蔵語は、ジュンワガ H̱tung-ba-lnga とせられるが本来こうした術語が西蔵に存在したものか、あるいは漢語または梵語から訳出したものであるか明らかでない。十二支に相当する西蔵語はロンコルチュニィ Lo-ẖkʼor-bcu-gnyis と云い、「十二年周」を意味する。左に彼此《ひし》の相異点を一目瞭然たらしめるため、日漢蔵三国語の対照表を掲げる。〔表中の数字は順位、片仮名とローマ字は西蔵語を示す。〕

（A）五行と十干との対照表

一、シン	Sing	木	po	男（エ）	甲1
			mo	女（ト）	乙2
二、メ	Me	火	po	男（エ）	丙3
			mo	女（ト）	丁4
三、サ	sa	土	po	男（エ）	戊5
			mo	女（ト）	己6
四、チャ	Lcags	金	po	男（エ）	庚7
			mo	女（ト）	辛8
五、チュ	C'u	水	po	男（エ）	壬9
			mo	女（ト）	癸10

（B）十二支と十二周年との対照表

(1)チ	Byi	鼠―子	(2)ラン	Glang	牛―丑
(3)タク	Stag	虎―寅	(4)ユィ	Yos.	兎―卯
(5)ルク	Hbrug	龍―辰	(6)ルル	Sbrul	蛇―巳
(7)タ	Rta	馬―午	(8)ルク	Lug	羊―未
(9)テ	Spre	猿―申	(10)チャ	Bya	鳥―酉
(11)キィ	K'yi	犬―戌	(12)パク	P'ag	豚―亥

〔二〕

次に印度では普通法によると、ただ五行に十二支を配する点で、支那の干支法と相似するが、ブリハスパティチャクラ法によると、何ら組み合わせを行うことなく、最初から六十個の梵語名を列ね、その名称自体が年次を表わすに過ぎない。

ただしこの法が他と異なる所は、年次の起算点にある。即ち干支法の如き組み合わせ式によるものは甲《キノエ》子《ネ》、または「木男鼠」を以て初年とするが、ブ法では丁卯《ヒノトウ》、または「火女兎」に該当する年より算し始めるから、彼此の間に三箇年の食い違いが起こる。しかし実際上ではブ法の呼称とともに、必ず干支法の年名をも併用するから、年次の読み方に狂いを生ずることはない。ただ注意すべき点は、ブ法の年周番号を取り扱う場合、普通の干支法のときよりも、三箇年だけ順遅れになっていることである。

西蔵は上世より専ら干支法に基づく西蔵式呼方の年磨を用いたが、十一世紀初葉に印度からブ法が伝わって以来、史実の年代に対してこれを併用することとなり、名づけてラプチュンと呼んだ。それはブ法第一年の名称なるPrabhavaの蔵訳語（Rab-byung）であって、語義は「至善」或いは「殊勝になれるもの」を意味する。今その名をとってブ法年周の本名に代えたのである。他の一一の年名にも凡て蔵語訳がつけられてあるが、ここには不必要なれば省略する。

しからば何故にブ法を十一世紀の初から採用したかというに、丁度その頃印度から「時輪《トゥコル》」Dus-ḫk'orという一種の密教義が伝わったので、それによってブ法の特徴を知ったことに基因する。即ちそれは六十年の各名が、年次先後の区別をより明瞭ならしめること、従ってその年周の替りばえのする点において、周期を遂次に番号を以てするに適わしいことと、またその第一年目が仏陀降誕の年に当ててあることなどで、仏教国西蔵の国史の記録上意義深いことを認めたためである。支那流の干支法でも、年周番号を附したならば便利であったと思われるに何故か古来漠然とただ六十周年をくりかえすのみであったから、動《やや》もすれば時代の経過に明瞭を欠く点があった。こうしたことも紀元制更改の動機となったものと考えられる。

〔三〕

ラプチュン年制創始の年、即ち「火女兎」或いは「丁卯」の年は、これを西暦に換算するときは一〇二七年に当たる。爾来この年周を繰り返すこと十六回に及ぶから、例えば西暦一九四〇年、即ち我紀元二六〇〇年（昭和十五年）を西蔵暦法にて云うときは、ラプチュン第十六、金男龍の年（庚辰）となるが如きである。今実地について、史上の一年代算法の例を掲ぐならば、彼の有名なるシトゥ文典（第十二章参照）の完成した時は「ラプチュン第十二、ミクマル Mig-dmar（木男鼠《シンポチ》）」と記録されてある。これが西暦何年に当たるかを知るには、通常便宜上、別に作製せられた年代対照表によって直に繰り出されるが、それを根本的に算出する方法は、次のような計算による。まずこの年制が西暦一〇二七年より始まることと、今はその第十二回目であることと、ミクマル Mig-dmar とは、ブ法の第五十八年目であることと、干支法では「木男鼠」或いは「甲子」に当たることなどの各条件を考慮に置いて、次の如き算式を作るのである。

$$12\times60-(60-58)+1026=1744$$

或いは、$(12-1)\times60+58+1026=1744$

前後いずれにてもよいが、前式はまず十二回の年周の全年数を算し、それより、実際上未経過となれる年数を減じて、ラ年制施行以来の実年数を知り、それに西暦の前経過年数を追加して、所要の紀元年数を得るの方法を示したものであり、後式は十一回の全年数に、第十二回目の既経過年数を加え、それに前経過の西暦を追算するの法によったものである。

よってこのラ年制記録の実際的価値は、ただその年周番号が明記されてある点に存するのみで、年次名の如きは単に呼称上の文学的雅致を添える儀礼用語に過ぎない。例えば我が国で年号を認めるとき「昭和十五庚辰年」などと記するの類で、年代算出上には無関係である。

〔四〕

しからばラ法の布《し》かれなかった以前の年代算出は如何にすべきかというに、これには一定の方式が存在しないから大体次のような方法による。西蔵に始めて十二支年法の伝わったのは七世紀の中葉であり、干支六十年法は八世紀の初葉といわれる。しかしその年周の経過を明らかにすべき番号数字が用いられていないために、一の年周が果たして第何回目に当たるかを知ることができない。この点が年代の算出上著しく不便を感ぜしむるものである。幸いにして史家は必要な史実の経過年数を所々掲げておくから、もしもある一の確定的西暦年数を算出して、これを基準とするときは、容易にその前後を推算して、所録の干支年度と対照し、年表のたすけをかって直に所要の年代を求めることができる。

例えば上世において基準となるべき的確なる年代の一として、第三十三代ソ王（第七章その他参照）の土女牛（己丑）年――金男犬（庚戌）年は、西暦五六九――六五〇年に当たることが挙げられる。この年代そのものの確定法は別の推算によるものであるが、西蔵の史実は当初は多くこの年代を元として、その前後何年を経るかを指摘している。

次にまた一の基準となるべき年代は、第四十二代ラ王の最終年なる金女鳥（辛酉）年の西暦八四一年に当たるものが挙げられる。その後西蔵は中央において文化全滅の厄あり、地方においては戦乱続発し、混沌たる時代がやや久しかったためにか経過年数の記録に少しく明瞭を欠く点がある。例えばスムパ史書（第十二章参照）の如きにおいては満一回周年の差異を発見するが如きである。

〔五〕

六世紀以前の無文時代の年暦に関しては、口碑伝説または各種の符諜以外に拠《よ》るべき所がないのであるから、推算というも甚だ漠然たるもので、史実後の的確なる年代との連繋も怪しいものに相違ない。たとえば第二十八代国王は、第一代国王の生年より、六百六十年を経たる、木男鼠《シンポチ》（甲子）年生とあり、それは西暦一八四年に当たることが算出せられるが、六百六十という年数の根拠が確かでない。

また第一代国王は釈迦仏滅後四百十八年を経たる木男鼠《シンポチ》（甲子）年生とあり、これを前掲ソ王の年代より逆算すれば西暦紀元前四七七年となる。この紀元は第一代国王の年代としては、余り無理のない推算かと思われるが、それを可とするときは釈迦滅時が著しく昔に遠ざかり、もしも所録の通り計算するならば、紀元前八九四年に当たることとなる。なお他の一説によって算すれば同じく九七〇年ともなる。いずれにしても吾人の推定せる釈迦滅年代とは甚だしき懸隔を生ずる。通常仏滅年代といえば紀元前四七七年または同四八〇年と信ぜられるもので、それは同時にまた西蔵第一国王の年代としてもふさわしいものとなり、常識的に考えても、両者がほぼ同時代であると見るが妥当であろう。なぜならば仏滅の場合は、既に世の定論の如くなっており、また西蔵王のそれが大体肯綮に当たると見られる理由は次のような推算から割りだされるからである。

即ち第一代王の紀元前四七七年から、第三十三代王の六五〇年までは前後一千六百二十七年間を経過する。これを歴代の王位数で割ると、一代平均三十一年強となる。仮にこれを我が国の例にとって見ても、第三十三代推古天皇の一二八八年迄の平均年数は三十九年であるから、両者の間に大差はない。上世の年代としては、ともにこの程度のもので可なりと思われる。しかし西蔵史家の推算せる仏滅年代の紀元前八九四、或いは九七〇年が何を基準としたものか全く不明であるから、その当否を論じまた西蔵の年代との関連をも推測することもできないのである。

第三項　最初の国法

（一）

別章「国史略説」において、第三十三代国王 Srong-btsan-sgam-po（569―650）の一事蹟として、西蔵最初の国法が定められたことを述べたが、今その法文について些《いささ》か所見を記してみよう。伝説に所謂《いわゆる》「法律《ティム》」K'rims（T'im）なるものは、もとより今日の法律とは全く性質を異にするもので、いわば人倫道徳を説き示した教訓勅語とも名くべきものである。

思うにその昔、混沌たる未開の無文状態より、一躍して仏教文化の光明世界に現れ出でたばかりの西蔵にとっては、それはまさに「法律」そのものであったに違いない。国王がこれを発布した理由は、無論治世の為であったとはいえ、同時にまた仏教主義の宣伝が意図せられたことは、その条文が経典より考案せられたことと、特に冒頭において、仏の聖法に帰依すべきことを示されたことによって明らかに知られる。

今ここに掲げんとする「法律《ティム》」の条文は、パクサムジュンサン・（第十二章参照）の所録によるもので、それはごく簡単な詩文体の、所謂「伽陀《ガータ》」の句法で綴《つづ》られている。識者の言う所に随えば、この「法律」の本文なるものは、散文体にて詳細に規定せられたもので、その末段において再び要綱だけを繰返し、暗誦に便ならしめんが為、詩文体の句を以て綴った所がある。それが即ち今いう所の法文であると。筆者は未だその本文なるものの存在を確めないが、そうしたものが現存すると否とに拘わらず、まさに論者の言うが如き、構成のものたるべきことは容易に想像される。何となれば如上の説示法は、多くの仏聖典に普通に見られる所で、後世の論書作家はこれに範を模するを例とするからである。もしその本文が得られたならば、多くの論究資料が提供せられるであろうが、今はただ前掲史書に録する範囲において考察するの外はない。

〔三〕

さて問題の「法律」といわれる伽陀文は、凡《およ》そ十二句（三伽陀）よりなるもので、これを名づけて「十六清浄人法」というてある。その訳文は次の如くであるが、原文の如き句体では十六箇条の項目が算え難いから、便宜上番号を記入してその箇条別を明らかにする。ただし原文の句切を示すために（一）印を附けておく。

（1）至尊を崇め、聖法を完ふすべし」（2）学徳者と父母に敬仕すべし」（3）高貴と長老を尊敬すべし」（4）朋友に親しくなし」（5）本分に従ひ（6）国民を益し」（7）よく目を附け（8）意を注ぎ」（9）食財の受用を弁へ（10）狡猾を去り」（11）嫉妬をなさず（12）総て平等に」（13）婦女らに心を置かず」（14）語を和らかに物言い智く（15）忍耐強く」（16）度量寛宏なれ」十六清浄人法と名づけられるものを」遵守するは上輩士なり」（項末「備考」注意）

右の如く、十二句の原文より適宜十六箇条を仕切ってみたが、果たしてその通りでよいかどうか保証の限りでない。なぜならば既述の如く、もしこの伽陀文を以て、主本文の附属と見るときは、もとの本文において、十六箇条が明らかにせられているものと、右の分ち方とが符合するか否かが疑問となるからである。

なおこの法文制定の年代なども明記されていないが、当時の情勢によって判断すると、多分六三〇年前後の頃かと思われる。この年代から想い起されることは同国王が西蔵の文化に貢献したこれらの事蹟はまことに偶然とは云いながら、それとほぼ時代を、同じうして、我が国の仏教伝播に力を竭された聖徳太子に髣髴たる所あるを偲ばしめるのである。（第九章仏教の伝道中「ソ王の事蹟」の記述参照）

〔三〕

右の「法律」に関して吾人の考察すべき諸点が少なくないが、ここに特記を要する一事は、国王が西蔵仏教樹立に処した精神の片影を、その法文中に認められる点である。別章「建国説話」から想像されるように、国王は印度仏教を採用して直ちにそのままを西蔵仏教としたのではなく、往古より国民精神を支配せし国神教の信仰を基礎として、それに仏教信念を巧みに融合せしめたのである。今日の西蔵仏教が、その形体において全く印度仏教そのままを踏襲したものであるに拘わらず、その基本精神において、幾分ボン信教化せる所以《ゆえん》はそれがためである。

その証左は文献や実情の上に現れているが、今もこの法文の用語に一例を発見するのである。即ち第一条の冒頭にある「至尊《クンチョ》」という語がそれである。原語では Dkon-mc'og（cog）と綴られるもので、語義は「稀有最勝」或いは「至宝」などと直訳され普通には「仏陀」の代詞として用いられるが、またしばしばDcon-mc'og（cog）-gsumという語とせられて、所謂「三宝」即ち仏・法・僧を意味する場合もある。今ここでは主として仏陀を指す語と見られる。しかるにこの語は他の一面において、全く純仏教義を離れ、一般的広義の解釈が与えられることがある。それによると「至上の天帝」を意味するもので、彼の国神教ボンについていえば、その教徒の所謂「天上の大神」を指すことになる。また近代では、キリスト教の宣教師らは、彼らの"God"を西蔵語に訳するときには、やはり右の語を以てする。こうした特殊の意義をもつ言葉であるから、国王はこの点を考慮して、ことさらに「仏陀」Sangs-rgyasなる語を避け、共通性に富む語としてDkon-mc'og（cog）を撰んだものと察せられる。

〔四〕

なおこの「法律」について、吾人の留意すべきことは、それがたとい教訓勅語として発布せられたものにせよ、その文字が示す通り「国法」とする目的であったことは、当時の情勢から察せられる。即ち国法の制定は仏教伝播の直後であり、而して仏教そのものは伝来して間もなき存在である。しかるにその直前には、西蔵に文字なく、未開そのもので、むしろ野蛮状態にあったというも過言でない。その野蛮と文明との時代の差は、如何に長期に算しても、僅々数十年を出ないのである。

かくの如き原始的状態にあった所の、西蔵国民に対する「法律」というか「勅語」というか、いずれの呼称を以てするとも、その掟の言い表し具合が、余りにも上品過ぎることに不審を懐かざるを得ないのである。即ち彼の法文が示す通り、専ら人倫を勧説したもので、極重なる罪悪を禁止する意味の条項が欠けている。国王の意図においては、別に仏法によって罪悪を抑止するが故に、国法としてはその必要を認めなかったのかも知れないが、当初の仏教伝道は主として上層の知識階級を目的としたもので、一般民衆はなお曚昧にして、仏法の恩典に浴しなかった筈である。故にかかる民衆に対してこそ、一層禁制的で懲悪的な「法律」または「国法」を制定発布して善導すべきであったと思われるのに、終《つい》にそうしたことの起こらなかった理由を解するに苦しむものである。

しかし吾人としては強いてその解決を試むの要は無いであろうから、しばらく彼ら西蔵人自身の言う所を聞くならば、西蔵人は生来徳性力に強き民族で、所謂無文の野蛮時代といえども、殺伐な行為は甚だ稀で、世の安寧が破壊されるような患が少なかったために、敢えて峻厳な法律を以て臨《いど》むの要はなかったのである。今日欧西人がややもすれば彼らを野蛮視することは、西蔵人の本性を知らない皮相の観察の結果に過ぎないと。賛否はともかくとして、一応の解釈が与えられたものと見てよかろうと思う。

〔五〕

最後に右の「法律」とは直接関係のない事柄であるが、それが宣布された場所について附言することも、無意義でなかろう。国王の居所が「赤山《マルポイリ》」の宮城であったことは云うまでもないが、仏教研鑽の行われた中心地はラッサの釈迦仏主殿であった。そこで印蔵の仏学者が集まって初伝仏教の基礎を作り上げたのである。国王も常にこの仏殿に出張してともに仏学を修め、また民衆に接するの機会を作られたという。彼の「法律」が一般民衆を相手として制定せられたものといわれるから、その発布宣示の場所も恐らくこの仏殿と思われる。その仏殿の由来に関しては、別章「国史略説」に詳述したから再言する必要はないが、ここについでながらその名称の説明を附け加えておく。この仏教は印度のヴィクラマラシィラ Vi-kramalaśila の寺院を模して建てられたもので、その名をトゥルナンツクラクカン Hp'rul-snang-gtsug-lag-k'ang と呼ばれる。語義は「霊現学問所」を意味する。通常この種の造営物に対し世にこれを仏殿とも寺院とも云うが、その本義は「学問所」から出ておることが、右の西蔵語によっても明らかに知られる。

（備考）マニカンブム（第十二章参照）の所録は十六箇条を明瞭に区別し、条文もやや委しく記されてあるが煩を恐れて省略する。

第四項　ダライ法王の冊立法

〔一〕

ダライ・ラマの法王位は、仏教の輪廻転生観に基づき、仏聖の化身は世々に再現するものであるという信念の下に、代々冊立せられることによって継承せられるものである。西蔵仏教徒の信ずる所によれば、法王は一度死すとも、その遺霊は爾後七週間を経過するや否や、直ちにある他の母体に移り、宿ること九箇月にして男子に生まれ、再びもとの同じ法王として化現するといわれる。そこで通例、法王の死後凡《およ》そ十箇月余で生まれた男子にして、最も奇蹟的な傾向に富むものを物色し、そのうちより真実の転生者たる事が霊証されたものを撰び、次代法王の後継者と定める。一説によれば前法王の転生は死去と同時に起こるものと云い、随って後継者たるべき神聖児は、その当日に出生せるものに限るとなすものもある。

累代の法王中には、生前に自己が再生すべき方位及び地状などを予言するものもあって、再現児の探知にまことに好都合であったが、何らの暗示もなくして世を去った法王の再現を見い出すには、かなりの年月を要したといわれる。いずれにしてもある一定期間には、早晩必ずどこかに出現するに違いないとは確信せられている。しかしながらどうかすると、二名もしくはそれ以上の霊児が同時に発見されることがある。そうした場合に果たしてどちらが真実の後継者であるかを決定することは容易でない。なぜならばどの霊児も前代法王の遺霊を多少とも承け継いでいるものと信ぜられるからである。もっともそれには、本末とか正従とかいうような差別が自ずから具《そな》わっているから、いずれか一人がその正統者であることには間違いはないとせられる。要はただその当人を択び出すという問題にある。

決定の手段としては、まず護法神の託宣を仰ぐ例となっている。もし託宣が直ちに本人を指定したときは問題はないが、実際はそう簡単に行くものでない。殊《こと》に託宣所が四ヵ所に分れてある関係から、各所の一致を見ることが稀である。結局はいずれの候補者も、総て神聖なる霊児に相違ないことが、特に神意によって証せられたということで満足するに止まる。かくて取りあえず或る期間は霊児らに特別の養育を施しつつ、その間にも絶えず種々の方法を以て彼らの霊性を験するのである。例えば前代法王が平素用いならした珠数などを、予《あらかじ》め他の類似品に混じておき、霊児らにそれぞれ好む所を撰びとらせ、いずれの児が真物を摑みとるかを試みるのである。従来の経験では、不思議にも彼らはそれを誤ることがなかったといわれる。

そこでいよいよ最後の決定を与えねばならないという時期に逼ると、彼の最も神聖なる釈迦仏主殿なるチョカンにて、厳粛なる仏前抽籤式が行われる。曾《かつ》て清国派遣の駐蔵大臣がいた頃は、彼自身も必ずこの式典に立ち会った。そは単に儀礼的のものでなく、彼が欲する所の候補者を当籤せしめんとして、前以て密かに不正手段を廻らしおいた通り、実現されるかどうかを威圧的に監視するにあったといわれる。その抽籤法は、予め金甕中に投入しおかれた所の候補霊児の名札を、目を閉じたる聖使が、金製の箸で摘まみとって読み上げるのである。

とにかく右のような順序を経て、ついに法王後継者の決定を見るのであるが、それから直ちに法王位に上ることはなく、なお幾年間か、大切な法王教育が授けられいよいよ一人前の法王として相当の資格が具わる頃、始めて即位するわけである。その年齢は概ね十七、八歳を普通とするが、それよりも若い場合も少なくない。

〔二〕

しからば前法王の死後から、次代法王の即位まで、通例十幾年に亙る空位期間は如何にするかというに、その場合は別に王者《ゲエポ》 Rgyal-po なるものが選任せられ、教権とともに国権をも代行することがある。「王者」たるものの資格は、法王の如く転生再現の神聖者たることを要しない。また王候貴族など名門の出身たることを条件とするものでもない。広く一般西蔵仏教徒の中で、最も学徳高き僧侶となり、ガンデンテパ Dgah-ldan-'kri-pa と名付けられる謂《い》わば大僧正職の如き地位に上れるものが、その「王者」に推戴せられるのである。これによってみると、西蔵では何人も実力を以て法王となることは絶対に不可能とせられるけども、彼の「王者」たるの地位もしくは、その資格を獲得することは、如何なる階級の人でも、一度び僧侶となった者ならば、自己の努力と機会次第で、全く可能であることが知られるであろう。

〔三〕

本来ラマ法王は、新教ゲルクパ Dge-lugs-pa（粛正宗派）即ち世に謂《い》う黄帽派の宗旨を奉ずる教主であって、極めて厳格なる無妻主義を堅持するものである所から血統上の継承者は有ろう筈がない。しかしながら西蔵人の固有思想として、その国の君主たるべきものは、往古に天上神の子孫が君臨して以来、世々その後裔が王統を継ぐべきものであり、後世その王統がたとい仏教信奉者に転向してからでも、さらにまたその後王統位が去って、純粋の教主制のみとなった時に及んでも彼らは祖先以来終始渝《かわ》ることなき信念を継続維持せるがためにか、血統継承の望みなき場合には霊統伝承の方法を以てすべきことを、新たに仏教主義から考え出さざるを得なかったのである。故に彼らは仏教法王の冊立に当たっても、別に神の託宣を仰ぐということを忘れないのである。

もとよりその神なるものは、仏教の護法神といわれるもので、在来の国神ではないが、それは事実上ボン神教徒によっても崇信せられる神であるから、西蔵においてはやはり一種の護国神と見なされているわけである。総じて仏教とボン神教との関係は、別章各部にも述べてある通り、その発達の過程において、既に自ずから信仰上の融合を遂げているから、如上《にょじょう》の仏教主義的問題発生の場合においても、国神崇拝精神の閃きが認められることは、決して怪しむに足りないと思う。法王位制の創始については「国史概説」の章に言及せるが如くである。

第五項　建国記念祭

〔一〕

毎年西蔵暦ホルダ Hor-gla の正月二日、太陽暦でいえば通例二月の上中旬頃、ちょうど我が国の紀元節を思い出させる時分に、高原の神都ラッサにおいて、ダライ法王の宮城と、その直下の広庭の間で挙行される祭典として、俗に「神人天縄滑降」といわれる儀式がある。

この式典の本名称は別に存するが、今その記録を逸したから、仮に「建国記念祭」と名づける。その由来するところは、往古天上神が天縄《ムタク》 Rmu-t'ag をつたって、西蔵国に君臨したといわれる建国の初めを記念するためである。その謂《いわ》れを明らかに知らない世俗の民衆は、これを以てその年々の西蔵の運命を卜占する儀式とばかり思っている。もとより開闢の縁起から意味づけられたわけであろうから、元来の本義を全然没却するものではないが、吾人としてはやはり「建国祭」とでも呼んで、一層荘厳な儀容を保たせたいような気がする。

〔二〕

式典の模様を簡単に述べるならば、高さ十数層に及ぶ宮城の中層と城下の石柱とを斜めに繋ぐ長さ三百尺ばかりの太縄を、「神」Lha と呼ばれるボン神教の一行者が、荘厳なる祈禱式とともに、徐々に滑り降りるのである。その「神」なる行者が安全に著陸して、勇壮なる武者振を見せたときは、吉運の兆として、観衆もろともに狂喜の叫びを連発するが、もしも彼が眩暈を感ずるとか、人事不省に陥るとか、擦傷を起すとか、或いは過って半途より墜落するとか、或いはそれがために惨死の不幸を見るなど、その「神」の状態または事故の軽重に随って、種々に不吉の予感を懐くのである。

例えば悪疫の流行、饑饉の発生、内乱または外寇の勃発、或いは天地の異変など、いずれかの前兆として憂慮する。もちろん迷信以外の何ものでもないが、不思議にも、古来西蔵に起こった色々の厄難は、すべてこの占が的中したといわれる。昔は宮城のさらに上層から五百尺ばかりの長縄を張り下げたが、一度彼の神人が墜死したことがあってから、現在のように高度を低め、縄も縮められたわけであると。この滑降に用いられる縄を天縄《ムタク》といわれる所以《ゆえん》は、別章「古代の凡神教」の項に述べた所と同じである。

この式典はその起原によって明かなる如く、全くボン神教独特の祭礼と見るべきものであるが、今日では実際上ボン仏両宗の合同儀式とせられ、式場そのものが既に仏教法王の宮城である如く、時代と共にいよいよ仏教的色彩が濃厚になって来るといわれる。ボン仏両教の一致点はこうした所にも現れていることに留意すべきである。

第六項　西蔵大蔵経

〔一〕

「仏教の伝通」の章にて述べた如く、西蔵の大蔵経とは即ち「カンギュル」「タンギュル」と名づけられる仏教の二大叢書をさす。支那ではこれを甘珠爾《カンジュル》・丹珠爾《タンジュル》と呼ぶが、それは西蔵語の口語音を、さらに訛《なま》って漢字に音表したものである。

今その原語の真音をローマ字で示せば、Bkah-hgyur：Bstan-hgyur となすべきもので、もしこれを現代語の標準的な発音を以てすれば "Kan-gyur：Tangyur"（カンギュ・タンギュ）となる。その語義は、「カンギュル」とは「命令となるもの」、「タンギュル」とは「論示となるもの」と、直訳されるが、その意味は、前者は「仏の勅命たるもの」で、所謂経部に属する仏典を指し、後者は仏勅の意義及びそれに関連せるものを「解説論示せるもの」とせられ、普通に「論部」或いは「祖録部」などと称せられる聖典類を云う。世上往々これを誤翻して「命令の翻訳」「論示の翻訳」となすものを見るが、それは原語の hgyur の意義の誤解に基づく。この語は元来自動詞でもあり、助動詞でもあるが、今はその自動詞より転じた抽象名詞として用いられたもので「自然に何々となるもの、或いは自然にそう変わるもの」を本義とするから、他動義的な訳は附せられない。もしそれが翻訳という他動詞義を本領とするならば、その原語は Sgyur（bsgyur）でなければならない。もっとも事実に即していえば、経部《カンギュル》の大部分は梵語の翻訳書であるから、右のように誤訳せられたことも無理でないが、論部《タンギュル》の方には西蔵原作の聖書類も編入されてあるから、翻訳という語は当てはまらない。誤訳論者は多分聖典の大部分が翻訳であることを理由として、その正訳語たることを主張するかも知れないが、それは内容から眺めた臆測論であって、その名称の本義を無視したものといわねばならぬ。元来西蔵人が大蔵経に対して、そうした名称を与えた謂《いわ》れは、一切の聖典を分類し、仏陀の勅命的説法によるものと然《しか》らざるものとを明らかにするためであって、それが翻訳たると否とに拘らないものである。故にたとい印度本国の一切経でも、この分類法によるものならば、同様の呼称が与えられるのである。

〔三〕

さてこれら二大叢書の内容区分は如何というに、ここに詳述する遑《いとま》はないが、極簡単にその分類模様を示すならば、カンギュル部には、即ち仏の三蔵といわれる経律論に属する聖典が包含せられ、これを分類して華厳、宝積、方等、涅槃、秘密、律、般若の七部となし、すべて一〇八帙に納めてある。ただし或る種のものは一〇四帙または一〇二帙とせるものもある。

次にタンギュル部には論師または祖師らによって解説せられた三蔵釈義を始として、それに関連せる幾多の聖書類を網羅する。その内容としては、秘密供養法、註釈記伝撰集、讃頌、名目の四種に分たれ、これを通常二百二十五帙に収める。

カンギュルの大部分は、梵語原典の直接翻訳によるものであるが、極小部分は漢訳より復訳したものである。タンギュルもまた梵語の翻訳によるが、一部は漢訳の重訳となるものもあり、特に西蔵語原作の論書を包含せる所に異彩を放つ。しかしながら両部聖典といえども、梵典の全部を翻出したわけでなく、また蔵訳本そのものにしても、既に欠失せるもの若干あって、もとより完備したものとは云い難いが、その数量においてはまさに漢訳蔵経に亜ぐべきものであろう。更にもしその実質を論ずるならば、訳語の適確なる点においては、他の諸訳の追従を許さぬ所があって、能く梵語原典の不備を補うに足るの価値ありといわれる。

蔵訳経典が如何に梵語の正訳に意を用いたるかは、彼の訳文の終に翻訳者と校正者らの連名を以て、その翻訳に誤謬なきことを証言せるに見ても察せられるであろう。

〔三〕

仏教伝通の初期において、訳経の最も盛んに行われたのは八、九世紀の頃で、聖典の種類は経部に属するものが多かった。初めてその目録が編纂されたのは、第三十九代国王ティソンデツェン K'ri-sroug-lde-btsan の代（七五五—七八一年）であり、次いで諸経典の訳語を校訂統一したのは、第四十二代国王レルパチェン Ral-pa-can の代（八一四—八三六年）である。

仏教伝来以来およそ二百年間に亙って翻訳せられた各聖典の訳語は、その時代の前後と訳者の相異とによって、用語が区々となれるが上に、幾多の方言をも混用せられ、意味不通な点が夥しかったから、西蔵仏教の体面上是非ともこの欠陥を除去するため、校訂統一の急務が感ぜられた。しかし問題はかくの如き浩瀚な大叢書の改訂が、尋常の手段によって果たして可能なりや否やということにあった。幸いにも熱烈なる仏教信者であった国王は、親《みずか》ら発起者となってその容易ならざる大事業の遂行に対し、たとい国帑を賭することあるとも敢然として携わらんことを誓われた。国王はそこであらゆる内外の学僧博識を招致し、全経典の点検を行わしめ、誤謬の修正、方言の標準語化、新制語による統一をめざして面目の一新を期せられた。今日吾人が目撃するが如き西蔵大蔵経の完璧は、もとより後世の追補に俟《ま》つ所多けれども、その基本的集成は実にこの際の賜《たまもの》といはなければならぬ。

因みにここに新制語というは即ちケェサルチェ Skad-gsar-bcad を指すものであるがこれは別段新文法を意味するものでなく、曾て七世紀初葉に、宰相トゥミサムポタによって制定された欽定文典の原則そのものに外ならぬのである。ただそのある一部分が僅に簡易化されたに過ぎないのであるが、そのために国文の綴方の上に多大の手数を省く結果となったものである。現に吾人が取り扱う所の西蔵文のほとんど総ては、この新制語によって記されたものに外ならぬ。世上動《やや》もすれば今日の経典語を以て、欽定文典原則の違反なりと見るものあれど、そはこの間の消息に通せざる為にして、如何なる新制語の国文といえども、その正しきものは、原文典の法則と毫末の差異あることを認めないのである。

〔四〕

この大蔵経が初めて木版の印刷に附せられた時期は十三世紀の初葉であり場所は後蔵の都シガツェ Gs̱ǐs-ka-rtse の南西に当たる地方の、ナルタン Snar-t'ang の寺院である。その後十八世紀初中の交に及んで、東部西蔵のカム州（K'ams）即ち現在の西康省におけるデルゲ Sde-dge の寺院において新版が印刻された。続いて再びナルタンにて官版の新刻が行われたという（河口慧海著「西蔵文典」による）。支那では十七世紀末、高凞帝の時北京版の印刻があり、また別に印度境ブータン王国の首都プナカ Punakha においても刊行されたといわれる。なお最近の情報によると、今度ラッサにおいて新版の刊行を見たと伝えられる。

　かようにして西蔵大蔵経の普及が容易となり、今日では洋の東西を問わず、各地の主なる研究機関には、大抵一組を備えない所はない。しかしその中には往々無理解な蒐集者によって、実際的価値に乏しきものが齎されることが少なくない。今後実地研究用としては、取扱上不便極まる原本を排し、速かに近代的の活字版による縮刷本が望ましいと思う。

第七項　六字呪文

（一）

六字呪文とは、西蔵仏教即ち所謂《いわゆる》ラマ教の信者が念仏として唱える所の「オムマ・ニ・パド・メ・フゥム」という六節綴を一連とする詞をいう。これは西蔵語でなく総て梵語を綴り合わせたもので、その原字音をローマ字で表わすならば“Om-mani-padme-hum”と記される。ところが西蔵人は彼ら自身の口語音法によって発声するが故に、原音とは少しく異なってオムマニペメフン Om-mani peme-hun の如く響くのである。いずれにしても原語は四箇よりなるのであるが、西蔵語の単節音性に従って語節を分つから“Om-ma-ni-pe-me-hun”の六字となるわけである。

この六字の意義は、マニカンブム及びサーマト、sa-ma-tog という経典に詳しく説いてあるが、今それを引用するに先だち、六字の本語当面の意義について一般的解釈法を略示するならば Om とは仏陀の法・応・化三身の功徳に対する讃嘆の叫び声であり、maṇi とは宝珠の義で、しばしば如意宝珠などといわれる如く、不可思議の妙用を具《そな》えたる仏陀の聖法に譬えたもの、Padme とは Padma を語根とする呼びかけ語の形体を示すもので、仏の浄土に生ずる蓮華を指し、仏法の無染清浄なるにたとえ、兼ねてまた観世音菩薩を表象するもの、hūm とは仏法を擁護維持する聖衆団に対する感嘆詞であるとせられる。

〔二〕

しかしながらこの六字を一体とせる呪文または念仏として見た場合の意義は一切の不思議功徳利益を包含せる仏陀の真言そのものと心得うべきであって上述の如く一一語義を分解して、個々の意味を拾うべき性質のものでないことは、後に掲げるマニカンブムの所説によって明らかに知られるであろう。

元来西蔵の仏教徒は、彼らの国土・人民・君主の三位が、仏子たる観音によって一体となされたものと思惟するが故に、すべて本仏に対する信仰は、常に観音を以て媒助或いは代行となすの傾向がある。よってこの場合観音の徳に対する観念は、仏徳に対するものと同様と見なされるものである。即ち観音は単に一菩薩であるというよりは、むしろ本仏阿弥陀如来の仏子であり、またその化身でもあり、或いはその代官でもあって、不断に彼ら衆生と接触を保ち、本仏との連絡の役目を務めるものと見る。故にもし衆生が本仏の国、即ち極楽浄土に生まれ、直ちに仏陀の資格を得んと欲するときは、その衆生の求めに応じて、彼らの導き役となるものである。かくの如き功徳に対して発せられる嘆唱が即ち彼の六字呪文となって表わされたものであるといわれる。

〔三〕

右のような意味でマニカンブム（第十二章参照）の所説を窺うならば、六字一体の呪文が含蓄する深義を自ずから了解し得るであろう。次に引用する所はただその要点の一部分であって、しかも所々に点線を以てするは、さらに中間を省略したものである。即ち「オムマニペメフンとは観音の真髄であり、またその福徳聚である。……その六字は希有、金剛、金剛不壊、無上智、無尽智、如来清浄智の文字である。……もし一度び六字呪文を唱えたならば、勇猛無尽となり、智慧の積聚は極浄となり、大慈悲を具足し、日毎に六波羅蜜を円満し、得智の輪を転ずるの力を得菩提より退転することなく、無上正真道を窮めて、作仏するに至るであろう。……一切の不善も五逆の重罪も、六字によって清浄に洗われ、如何なる衆生もこの呪文を聞くものは再び流転界に生まれることなく、彼らは総て極楽に往き、蓮華より生まれ出づるや否や阿弥陀如来を見たてまつりて、その教説を聞くのである。彼ら衆生はこの六字をただ眼で見るだけでも、右と同様の利益が授かるのである」と。（以下省略）

この経文の説相は、六字の意義を示すというよりも、むしろ六字の功徳を述べたものである。意義そのものは最初に掲げた通り、極めて抽象的なものに止るから、それを具体的に表すならば、やはり右の経文の如くせざるを得ないであろう。

なおこの六字呪文は、その文句こそ相異なるが、古来支那や我が国に伝わる、所謂《いわゆる》六字名号の「南無阿弥陀仏」の意義に酷似している。この六字そのものが、既に梵語の音を漢字にて音表したものであるばかりでなく、その深義というか或いは功徳というか、その六字名号が含蓄する所は、彼の六字呪文と何ら変わる所がない。殊に他力易行の極楽往生を説くことにおいて共通せる点は味わうに足ると思う。世には六字呪文を以て怪教の咒詛の如く看做すものもあるが、それは西蔵仏教の真貌を誤認した人の言葉に過ぎないのである。

（備考）本書表紙の西蔵文字は、即ちこの六字呪文の原字を示したものである。

第八項　ダライ及び班禅の語義

〔一〕

これら二種の名称は、西蔵に関する叙述には殆んど不可避的な用語であって我が国においても今や常識語化せんとしているにも拘わらず、その語の意義については未だ十分注意が払われていないようであるから、すこしく解説を試みるであろう。

まず「ダライ」というは、蒙古語のタライ Talai またはダライ Dalai ――いずれも「海」の義――を漢字にて表わしたもので、もちろん本来の西蔵語ではない。普通世に伝わるところは多く「ダライ」として、濁音語の方が知られているが、西蔵の文献では古来総て「ターライ」Talai と記録されてある。この名の由来については、別章「国史略説」で述べた如く、蒙古のアルタンカンが、西蔵法王第三世ソナムギャムツォに与えた称号「ターライラマ・バヅラダーリ」の最初の一語をとったものである。蒙古人はそれ以来、西蔵法王を呼ぶにこの語を以てすることから、それが広く世に伝って遂には誰もがその名を用うるようになり、今日では宛《あたか》も西蔵語の固有名であるかの如く誤解せられている。しかし西蔵ではこうした名が与えられたことに対して、特に名誉とも感じていないから、殊更に従来の呼称をさしおいてまでも異国人の命名に従うとはしない。ただその方が外邦人によく分るであろうとの考えから、外国宛の公文書などに用うるを例とするようである。従って一般には通用するものでないから、識者以外にはそうした名の存在すら知らないものが多い。大体「ダライ」という蒙古語の起原は、歴代法王たるべき教主に共通せる公称名の一部たる「ギムツォ」Rgya-mtʻso（海）という西蔵の語義を翻訳した所にあるもので、単なる一訳語たるに止まり、特別の意味をもつものでない。しかしその語につづく所の「ラマ」なる西蔵語と「バヅラダーリ」という梵語には敬称の意味が含まれている。「ラマ」の意義は第九項に示す如く「上者」の義であり、梵語の義は「金剛執持」の意味で、仏聖者たるの資格を示す言葉である。

しからば西蔵人自身は法王のことを如何に呼ぶかというに、彼らは決してその本名を以てすることなく、必ず敬称ばかりを列《なら》べ称することにしている。その最も普通なものは「キャムグン・リンポチェ」Skyabs-mgon-rin-po-cʻe（救護尊者）、或いはゲェワ・リンポチェ Rgyal-ba-rin-po-cʻe（勝得尊者）、或いはタムチェケンパ Tʻams-cad-mkʻyen-pa（一切知者）などである。その他法王の側近者または重臣らによっては、特に「ブグ」Sbugs（内裏）と呼ばれることが多い。これによってどの呼称中にも「ダライ」なる語をさしはさまないことを知るべきである。

〔三〕

次に「班禅」というは、これもまた漢字の音表であって、原語の「パンチェン」Pan-cʻen を転写したに過ぎない。これはもと Pandita-Cʻen-po という語の略称で、語の前半は梵語の Pandit（梵語学師）を少しく訛《なま》ったものであり、後半は西蔵語の「大なる」の義であるから、つまり「大梵語学師」と直訳さるべきものであるが、こうして梵蔵合体の特殊熟語をなすときは、「大仏学師」という意味に用いられる。もとより仏学の蘊奥を窮《きわ》めるには、梵語学に堪能なることを必要とするから、その直訳義と意訳義とは同一の性質を有することは云うまでもない。

故にこのパンチェンという称号は、仏教の最高学位として、古来博識高僧に与えられたもので、それは多分十二、三世紀の交から一般に用い始められたかと思われる。その後新教ゲルクパ、即ち所謂《いわゆる》黄帽派の一教主に阿弥陀如来の化身と信ぜられた聖僧が現れ、世々転生再現するに至ったが、該教主の地位にあるものは、必ずパンチェンたるの資格を具《そな》えねばならなかった。こうした謂《いわ》れから終《つい》にそれを一法王としての尊称に用うるようになった次第である。前掲の「ダライ」の場合とは異なって、この称号には本来の敬意が含まれていることを知らねばならぬ。

西蔵人がこの法王を呼ぶときは、やはり前者の場合の如く敬称語を連ねる。即ち「ペンチェン・リンポチェ」Pan-ćen-rin-po-c, e（大仏学師尊者）とするか、或いはそれに「キャムグン」（救護）を冠せしめるが普通である。ちなみに右の「ペン」は「パン」の口語音の訛である。西蔵人はかように梵語に対しても、自国語同様の口語訛を以てする習慣がある。

なおこの法王の宮殿は、後蔵の都シガツェ Gšis-ka-rtse に隣れる名刹のタシルンポ Bkra-šis-lhun-po 大本山の聖域内にある所から、外国人らにはしばしばタシラマ Tashi-Lama と呼ばれ、支那人は通常「札什喇嘛」の音表字をもってする。

〔三〕

凡《およ》そパンチェンラマの教主としての資格は、ダライ・ラマと同様で、ラマ教即ち西蔵仏教新派のゲルクパ（粛正宗派）を代表する二大法王の一として、全ラマ教徒の尊信を受くる点においては、彼此何ら優劣あるものでなく、その学徳に至っては世々ダライの上にありといわれるが、ダライ系は近世以来西蔵の国権をも兼有する関係から政治上の地位はダライの下に属すべきものである。現ダライ法王は第十四世、現パンチェンは第九世（？）に当たるといわれる。

第九項　ラマの語義

〔一〕

ここに「ラマ」という語の意義を説明する目的は、従来世に誤解された点を指摘して、その正しい解釈を示さんとするにある。所謂《いわゆる》「喇嘛《ラマ》」とは、西蔵語の口語式発音を漢字で音写しただけのもので、漢語としては何ら意義を表わすものでない。原語の正則なる発音はBla-maとせられるが、日常の口語ではただLa-ma（ラマ）と発音するが故である。

しからばその語義は如何に解すべきかというにblaは「上」maは「人《ニン》・者《シャ》・もの」などの義で、即ち「上人」または「上者」と直訳せられるが、仏教語として意訳するときは「高僧」または「聖者」とすべきであろう。もっとも我が国でも「上人・聖人」などという語が存在するから、直訳のままでも不可はない。その他に特別訳語として「命の母」または「霊の母」の義もある。その場合はblaを「命」または「霊」としmaを「母」とする見方であるが、その根本義においては普通訳と異なる所はない。

印度では「ラマ」に相当する梵語としてGuru（教師）或いはNiyamaka（導者）を用いるが、意味はよく相通ずる。またS・C・ダス氏の蔵英字典によれば、ラマBla-maの語源はBrahma（神智者）またはBrahman（最上神）と関連せるものでないかという一説をも参考に掲げている。成る程その音も幾分似た所があり、意味においてもラマの特別義と通ずる点がある。これによってみると「ラマ」は本来の西蔵語でなくして梵語または他の印度語から転じたものかも知れない。

〔二〕

語源問題の穿索はしばらく措き、吾人はそれが西蔵語としての由来を考察せねばならぬ。誰しも「ラマ」といえば、西蔵に仏教が伝来していよいよ僧侶なるものが出でたときに用い始められた語と看做《みな》すであろうが、実はそうでなく、正確にいうならば、まさに仏教を採用せんとして西蔵の文字を作り、国文法を制定せんとして彼の学聖トゥミ宰相が印度に留学せし時代より既に用い始めていたことは、彼の述作になる欽定文典の明文によって知られるのである。しかもなおそれが西蔵仏教に限った言葉でなく、早くから印度バラモン教の高僧上人に対して用いられていたことが、同じその明文によって証拠立てられるのである。すなわち該文典の冒頭における讃嘆文の一部に「詩文を立派につくられたる博識者とラマらにも敬礼して」と示されたものがその本文である。これをシトウ文法学書には「バラモンのリビカラ Libikaraのラマたちに対しても」云々と解釈してある如くその「ラマ」とは明らかにバラモン僧を指してある。原文典は実に西蔵最初の文献であって、それ以前は全く無文時代に属し、もとより仏教などが現実に伝通せる筈がないから、従って「ラマ」という語の用い始めが、印度の学僧らに対してなされたものであることは、毫も疑をさしはさむ余地がないのである。

とにかく当時の西蔵において「ラマ」という言葉のあることだけは、右の文典によって明かであるが、事実上「ラマ」なる高僧の出現を見たのは、遥《はる》かに後代に属する。即ち仏教の伝来は七世紀初葉であるが、その後経典の翻訳とか、教義の研鑽とか、仏殿建立、仏像礼拝、講説信仰などを主とする時期がかなり長くつづき、本当に仏道を実修して、真の聖僧となり得る資格者が出づるようになったのは第三十九代王の代で、八世紀の中葉と見られる。それまでは総て印度の「ラマ」といわれる高僧が、西蔵仏教を指導したもので、西蔵自国では未だ名実ともに「ラマ」と名づけうる聖僧が現れなかったことが記録されている。

〔三〕

上述によってほぼ「ラマ」の語義と由来とが明らかにせられたわけであるが、従来この種の問題について真相が伝わらなかったために、一般世人の観念としては、普通の西蔵僧をすべて「ラマ」と名づけるものの如くに映じている。殊に甚だしきものに至っては「ラマ」を以て怪秘仏教の魔法師の如く誤解している。もっとも西蔵人自身にも、昔と今とはその観念に、幾分か厳格の度が薄らいでいるかのように見受けられるが、大体としては元通りの精神を失ってはいない。即ち今日で「ラマ」といえば一定の仏道修業を完成して、聖位に上った高僧を指し、また兼ねて、故聖者の権化即ちトゥペク Sprul-pai-sku と信ぜられる聖僧をも含める。

その適例として最高級の場合を示すならば、世人周知のダライ・ラマ・パンチェン・ラマにおける「ラマ」の語が即ちそれである。故に一般の平僧らに対しては、特に「ラマ」と区別するため「タパ」Grwa-pa という語を以てする。それは「寺人、寺者」の義で、出家して寺院に入り、仏道を学ぶ人なる意味を表わす。所謂《いわゆる》僧侶なればとて、誰彼の別なく「ラマ」と呼ぶことは許されない。強いて濫用を認められる場合は、比較的高級の僧を呼びかけるとき、その敬称として用いられることである。

〔四〕

序《ついで》ながらラマ教（Lamaism）という名称について一言する。この語の起因は疑いもなく「ラマ」の語義の誤解に基づくもので、考えてみれば実に不得要領な上に、ややもすれば誤解を招きやすい命名である。もっとも何人もそれが仏教の一種であると思わないものはないが、著しく奇異な仏教であるとの観念を懐きやすいばかりでなく、人によってはむしろそれを妖教視する傾向さえあることは争われない。

事実上から見て、西蔵に弘通せる仏教が、純印度仏教でなくして、既に西蔵化せることは否めないが、その本質はやはり元の大乗仏教に外ならぬもので、それは宛《あたか》も我が国で日本精神化された、所謂「日本仏教」における場合とその軌を一にするものである。故に「ラマ教」というような曖昧な呼び方をするよりも、正確に「西蔵仏教」とすべきであると思う。試みに「ラマ教」を翻訳すれば「上人教・高僧教」となりあえて仏教の名に悖《もと》るものでないといえば通るかも知れないが、それではいずれの国の仏教にも共通的に名づけうる語となり、かえって西蔵仏教たるの特色を発揮し得ないことになる。これは最初の命名者の意図に全く反する結果となるから、彼自身は決してそういうつもりでなかったことが知られる。恐らくそれは西蔵僧のことをすべて「ラマ」と呼ぶと見た誤解と彼らの宗旨の間に混在せる不純分の識別難とが動機となって、漫然と西蔵仏教を特色づけんとしたことから起こった命名であるに相違ない。もとより厳格な意味で「西蔵仏教」と名づけるよりも、殊更に「ラマ教」“Lamaism”として、原語を引用した名附け方が、世人の好奇心を唆るに、一層効果的なことは事実である。

西蔵人自身は決してそうした名称を用うことなく、最も正式には「仏陀の教示《サンゲェキテンパ》」Sangs-rgyas-kyi-bstan-pa（=仏教）と云い、普通には「ナンペイチュール」Nang-pai-C'os-lugs,（内派の宗教）とて、他の外道宗教に対して「内道」を意味する語を用うるか、或いは単に「チュー」C'o（法）とも名づけるか、いずれかである。

〔五〕

なお附言すべき一事は、従来我が国において「ラマ」の語がしばしば誤訳せられることについてである。今その実証を掲げることはできないが、曾《かつ》て雑誌書籍または辞典類などにも、しばしばその誤訳を見ることがあった。即ちそれによると、「ラマ」とは西蔵語であって「無上」を義とするとある。もとより「ラマ」にかようの義がないことは前述の解説によって明かであるが、しからば何故にこうした誤訳が生じたかというに、それは疑いもなくBla-maのmaの意義を取り違えたものである。maには通常「人・者・物・母・女」などの義の外に、否定詞として「無・不・非」に相当する義もある。しかしそれが否定詞に用いられる場合は、常に一定不変の位置に在るもので必ず被否定語の直前に置かれる。

この用法には決して例外のあることがなく、文章語はもちろん、日常の口語においても変わりなき鉄則である。故にBla-maの如く一語の後に置かれた場合には、それが否定調でないことは、一目瞭然で、「無」の義を示さないことは贅弁《ぜいべん》を要しない。つまり「無上」とは半可通の盲訳というべきである。西蔵語で「無上」というは「ラメ」と訳す。これは「ラナメパ」Bla-na-med-pa（上に無きこと）の略語で、所謂仏陀十名の一として普く知られる詞である。語法上では抽象名詞に属す。「ラマ」は凡《すべ》ての高僧に通ずるから普通名詞であるが、欧西人の記録にはしばしば固有名詞に取り扱っている。この種の外語も追々と吾人の常識語化せんとするものであるから、念のために誤訳の模様を指摘しておく。

第十項　西蔵文字

〔一〕

別章「言語の特性」に附記すべき事項であるが、説明の都合上、ここに附記するを適当と思考し、次の如く（A）・（B）の二項目に分つ。

（A）字母の序列　欧西学者の文典中には、例えばH. A. Jaschke氏の如く彼自身の新考案に基づいて、字母の配列を行うものを見るが、元来西蔵文字の序列は、原則上確定的のもので、何人といえども任意に改変することを許されないものである。欽定文典に示された如く、母音ともいうべき四種の記号に一定の列《なら》べ方あり、また父音に該当する三十種の文字は、所定の次第を追うて、横に四字ずつ並べて七列半に配置すべきものとせられる。これは単純な配列に終始するものでなくして、字性関係を表わすに重要なる意味をもつものといわれる。故に該文典においては、文の法則を説明する際、それぞれの字母の名を指示する代りに、その序列の順位と番号を以てする場合が甚だ多い。

この指示法は、説明を徒らに複雑化するばかりで、一見有害無益なるかの如く思われるが、創制者の意図は、殊更に斯様な迂遠な言い廻しによって、学徒をしてその文字の位置を確認せしめ、字性区分の重要なる所以《ゆえん》を首肯せしむるにある。

字性（Rtags）は実に西蔵文法の原理を示すもので、字性の適用を弁えざれば、原則の由って起こる所

西藏語字母序列表

母音（ཨ་ལི་ 又は དབྱངས་ ）四字記號

ཨི་（ ི ）i イ （女）	ཨུ་（ ུ ）u ウ （女）	ཨེ་（ ེ ）e エ （女）	ཨོ་（ ོ ）o オ （女）

父音（ཀ་ལི་ 又は གསལ་བྱེད་ ）三十字、七列半

ཀ་ ka カ・ 男	ཁ་ k'a (kha) カ 中	ག་ ka カ 女 (ga ガ)	ང་ nga / ña ガ° 甚女
ཅ་ ca (cha) チャ 男	ཆ་ c'a (chha) チャ 中	ཇ་ ca チャ 女 (ja ヂャ)	ཉ་ nya / ña ニャ 甚女
ཏ་ ta タ・ 男	ཐ་ t'a (tha) タ 中	ད་ ta タ 女 (da ダ)	ན་ na ナ 甚女
པ་ pa パ・ 男	ཕ་ p'a (pha) パ 中	བ་ pa パ 女 (ba バ)	མ་ ma マ 甚女
ཙ་ tsa ツァ 男	ཚ་ t'sa (tsha) ツァ 中	ཛ་ tsa ツァ 女 (dza ヅァ)	ཝ་ wa ワ 女
ཞ་ ša (sha) シャ 女	ཟ་ sa サ 女 (za ザ)	འ་ ha / a ア 女	ཡ་ ya ヤ 女
ར་ ra ラ 石女	ལ་ la ラ・ 石女	ཤ་ ša (sha) シャ 女	ས་ sa サ 女
ཧ་ ha ハ 石女	ཨ་ 'a (a) ア・ 石女 無記		

以を了解し得ないからである。しかし今ここにその序列を表示したのみでは、何らその重要性が現れないが、字形と近似音を窺うの参考程度には役立つことと思う。

表中附記せるローマ字は、即ち近似音を示すものであるが、人によってローマ字そのものの用法を異にするから、一定の標準を以てすることはできない。今は筆者が最も適当と思考する記法に随い、かつ日本語の片仮名を添えて、さらにその類似音を表わさんと試みた。ローマ字や仮名に種々の符号を附した訳はそれぞれの原字音と幾分相違する点を明らかにする為である。実際はなおそれに適切な音譜をも附けなければ実感が湧かないであろうが、煩鎖を恐れて省略することとなし、単に字性の表示語「男・女」等を附しておく。また括弧内のものは、別個の発音法を示したに過ぎない。因に西蔵語では母音に当たるものをアーリ Ā-li（ア級）またはヤン Dbyangs（韻）と云い、父音に当たるものをカーリ Kā-li（カ級）またはセーチェ Gsal-byed（明作）と名づける。

〔二〕

（B）字母とその意義　上掲の三十四種の字母はもちろん、ただ音韻を示すだけのもので、原則上何らの意義を有するものでないが、嚮に「言語の特性」の章で、漢語との比較において論じた如く、それらの字母は一面、純文字であるとともに、他面には仮に「語」の性質をも有《も》つものと看做されるから、そのひとつひとつに完全に、ある意義が現れ、他の単語同様に用いられるのである。その中ただ数語だけは未だ適当な意味を発見することができないから、その特殊義だけを掲げておく。〔　〕を以て記せるものが即ちそれである。

1 I イ 酒、山猫

2 U ウ 〔無聞の門〕（頂の義もあり）

3 E エ 反語的疑問詞…カ。…ヤ。

4 O オ 卑俗語の返辞「オ」

5 Ka カ・ 柱

6 K'a カ 口、面、雪

7 K̲a カ| 何

8 Nga ガ゜ 吾（我・私）

9 Ca チャ・ 排泄物

10 C'a チャ 部分、物

11 C̲a チャ| 茶

12 Nya ニャ 魚、腱、満月の日

13 Ta タ| 〔諸法の門〕

14 T'a タ 悉、皆、下（上中下の）

15 T̲a タ・ 今

16 Na ナ 年齢（テニヲハ、助詞の一）

17 Pa パ・ （補詞の「もの」、「こと」）

18 P'a パ 父、彼方

19 P̲a パ| 牝牛（補助「もの」、「こと」）

20 Ma マ 母、女（補助否定詞）

21 Tsa ツァ・ 時、折、程〔口語〕〔沈思〕

22 T'sa ツァ 熱、暑

23 T̲sa ツァ| 〔不起の門〕

24 Wa ワ 狐

25 Š̲a シャ| 跛

26 S̲a サ| 食

27 H̲a ア| 私（方言）

28 Ya ヤ 上《カミ》、片方

29 Ra ラ 山羊

30 La ラ・ 峠（テニヲハ、助詞の一）

31 Sa シャ 肉

33 Ha ハ 呼吸

32 Sa サ 土、地、位置

34 'A ア・ア（返答辞「ア」）

第十一項　西蔵の象徴

国旗または軍旗、貨幣、紙幣、郵便切手などに描かれた種々の図絵によって知られるように、凡《およ》そ「西蔵」たることを象徴するものは、獅子を主位として、雪山、太陽、蓮華、菊花、八瑞祥印などを配することである。これらは必ずしも全部を悉く完備せしめるの要なく、主なるものを一種か二種に止めてもよいのである。西蔵がなぜかような標章を定めたかというに、その謂《いわ》れについて彼らの解釈する所に従い、少しく説明を試みることも無意味でなく、ここにもまた西蔵思想の片鱗が示されておることを知るであろう。

まず獅子についていうならば、これは仏陀の威神力に譬《たと》えたもので、西蔵は印度につぐ神聖な仏土であることを表わしたわけであると。本来獅子なるものは西蔵に棲息しないことは勿論、印度においてすら見出されない動物とせられるから、それは全く仏教神話に物語る霊獣の観念をとり入れたものと見られる。その図様は吾人の所謂唐獅子と名づける類に似ているが、全身を左向きとなし、頭首部だけは正面または幾分か後向き気味とする。尾を後方に垂れ敷き、後肢を屈め、前肢をつき立たせる。しかし図によっては前肢を以て玉を抱くように描かれたものもあり、またあるものは跳躍の姿態を装うものもあって一様でなくそれぞれに特有の意味を表わしたものといわれる。これら図様の相違は紙幣や切手の上でもよく現れている。

次に霊峰雪山を以てシンボルとなすことは、既に西蔵の国名を解説した所で雪国または雪有邦土の名を以て述べたことによって、自《おの》ずから了知せられると思うから、ここに贅言を用いない。

次に太陽は、通常雪山の頂に輝き出た所を描くを法とするから、恐らく旭日を以て表わされたものと見られるが、別にそれと断わってあるわけではない。ただ日の丸の周囲に無数の放射線を描いたに過ぎない。本来ならは放射線の数を最少限度三十六とするか、或いはその場合に応じて三十六の各十乗位数を以てすべきであるが、実際上数を計算して描くことが甚だ困難であるから、適宜に程よくあしらわれる。一般に太陽をシンボルとする思想は他にも例があって、西蔵の特有とする理由には当たらぬが、今は仏陀の光照に因《ちな》んだものとする所から始めて仏陀の西蔵国たる意味が生ずるのである。即ち仏光は十方三百六十度に無限の空間を照射するという仏典の所説に基づくからである。

次に蓮華については少しく疑点があるが、とにかくこの花を一種のシンボルとするには十分の理由が認められる。そしてまたこれを漠然と仏国の聖花として一般的な見方をするよりも、西蔵の守護仏たる観音を象徴したものとする見解が一層適切であるとせられる。ところが実際それが図絵に示されたところによると、吾々が日本において見る蓮華とは著しく相異なるもので、その花、葉、茎などの描き模様から想像すると、むしろ我が国の牡丹に類する所が多い。そこで誰しも疑念を生ずることは彼の唐獅子様の図に対して、配するに牡丹を以てしたものではなかろうかという点である。多くの西蔵画工らは植物知識に乏しいため牡丹と蓮との区別すらできないのであるからほとんど議論の余地がない。しかし総《すべ》てがこの牡丹様の植物を以て蓮と見なしておるから、彼らの信ずる如くせねば、シンボルとしての意味をなさぬのである。

次に菊花についても甚だ曖昧な観念しか得られないが、しかしそれが一紋章として描かれた場合には、八弁または十六弁とせられ、確かに菊花を表わしたものと見られる。

菊花が西蔵のシンボルとせられる理由は、それが古来縁起よきものとせられ、幸運または繁栄の花として尊ばれることによって首肯せられる。通常これをケサンメト（Skal-bsang-me-tog）と称し、現に観賞用としても栽培せられる。ダス氏の蔵英字典にはChrysanthemum-Coronariumと記してある。この学名は「春菊《シュンギク》」を指すものであるが、実物は筆者の記憶するところでは、アスター（えぞぎく）の類かと思われる。原産地についてもまだ調べて見ないが、彼らの説によると、昔から西蔵に産するもので、伝記には十八世紀の初葉、ダライ・ラマ七世（或いは六世ともかぞえらる）ケサン・ギャムツォの時代にその花名が附けられたといわれる。真否は保し難いが、かなり古くから尊重せられて、好んで図絵にも描かれ、恰《あたか》も西蔵の国花の如くに取り扱われたことは事実である。

なお菊に似たもので、花、葉、茎を具《そな》えた植物がしばしば図絵に描かれるが、それが果たして何花であるかが常に問題となり、画工によっても見解が一致しない。

次に八瑞祥印とは西蔵語でタシタゲェ（Bkra-Sis-rtags-rgyad）と称し、瑞祥を標章する八種一組の記号であって、即ち貴宝傘、黄金魚、大宝蔵瓶、妙蓮華、右旋貝、吉祥犢（活索）、最勝幢（旗）、金法輪を指し、元来印度に起原を発するものであって、特に西蔵たることを示す理由を有しないが、何事にも縁起を貴ぶ彼らにとっては好箇の象徴であることと、八種一組の配列が図様として殊に面白くしつらわれる点から、一般に広く用いられるわけである。

以上六種のうち西蔵のシンボルとして欠くべからざるものわすなわち獅子であり、郵便切手の如く場面の狭小なものは、必要文字以外の図様としては、ただ獅子を描くだけである。貨幣は小形でも表裏両面に余地があるから、獅子の外に八瑞祥印、六重貴宝などの図が附加せられる。しかし旗印としては微細なる標章は適しないから、通常旗の中心よりやや下部に獅子を大きく描き、その上部に雪山と太陽または旭日を適宜配置する。またしばしば日月を描くこともある。

紙幣は表裏とも成るべく微細に文字や図絵を美的に配列する必要から、思い切って各種のシンボルを賑やかに描き詰める。即ち彼の獅子を主として、雪山、太陽、蓮花、菊花または同紋章、八瑞祥印、及びその他の図様を配する。その図案の著想点においては、あたかも我が国で新制された五拾銭紙幣のそれに酷似すと云うべく即ち菊花の御紋章を中心に、旭日、富嶽、櫻花などを配せる模様など彼此符合する点が少なくない。

なお西蔵人の用うるシンボルの一種として、著しく吾人の注意を惹くものはユントゥン（Gyung-drung）と名づける記号である。これは国を標章するものでなく、宗教信者が幸運を祝福する象徴または護符の如き意味のものとして用うのであるが、ボン神教徒と仏教徒とによって記号法を異にする。即ち前者は卍、後では卐である。梵語ではスヴァステカ（Svastika）といい、本来は巴利語の字綴によって組合されたものであるから、前者の記法が正しいわけであるが、仏教徒は総て右繞を尊重する観念からその逆の記法に改めたといわれる。ボン神教徒も当初はスヴァステカを襲用したものに違いないが、彼らは別の起原論を主張してそれは彼らの崇拝する太陽の記号⊕から考案されたものという。我が国でも仏教徒は古来この記号を重んずるが、現在はむしろ凶事に関する標章に限るが如き考えをもっているようで、西蔵人のそれとは全く正反対といわねばならぬ。しかし考えようによっては、不吉を祓《はら》い去るために、瑞慶の卍字を用う意味とも解釈せられる。

第十二項　結論に代えて

西蔵研究に関する諸問題も実に多種多様であって、上来述《の》ぶる所は僅かにその一端に過ぎないが、資料を逐《お》うて進めば殆んど際限がないから、一まずこれで擱筆する。

本記は表題の如く「西蔵文化の新研究」と名づけるが、所謂《いわゆる》研究論文の類ではないから、何らの組織も体系も具《そな》えていない漫筆の蒐録に過ぎないものである。随って最後に何らかの結論に到達せんことを意図したものでなく、ただそれによって「西蔵」に対する正しい認識が得られんことを期待したにとどまる。

しかしながら熟々考察の跡を顧みながら、彼国の赤裸の姿を眺めるならば、古来蛮境の称を専らにした山原民族が、吾人の夢想だにしなかった文化の異相を具《そな》えており、しかもそのある点が、奇しくも吾人の祖先に見る所にひとしいものがあることを学び得たことは、少なくともこの研究によって齎された所の異色ある結果の一つであろう。もしも他日西蔵研究に自由の途が開かれた暁には、世界の学者によって、一層興味ある発見が行われることと思う。（完）

附記

（A）本書装幀の略解

一、表紙書名の上部に横書せる西蔵文字は、オムマニパドメフゥムと称する六字一綴の呪文である。これはラマ教徒が日夜不断に口誦する密咒念仏であって、謂わばラマ教即ち西蔵仏教のシンボルとも名づくべきものである。随ってまた「西蔵」たることを表象する一種の記号とも見られないではない。（詳細は一八九頁「六字呪文」の説明参照）

二、装幀の色調として黄・赤・青の三色を撰んだ理由は、それがラマ教徒によって特に尊重せられる三原色たるにもよるが、一般にこうした単調な濃厚色が彼らの趣味に適し、装飾上欠くべからざるは勿論、屋内の壁面の如きも黄を素地となし赤と青とを配合するが普通で、凡そ西蔵色としての印象を最も強からしめるによる。

（B）本文追記「唐蕃会盟碑」の時代

本書第二章〔四〕一八頁に記するところは曾て筆者駐蔵当時の推考によったものであるが、その後ベル氏（Sir C.Bell）が拉薩を訪問せし時（一九二一年）西蔵政府をしてその碑面を清洗せしめ、西蔵学僧らの協力を得て碑文を解読した結果、該石柱建設の時代が殆んど明確となった。即ちそれによると紀元八世紀の中葉、第三十八代ディ・ソンデツェン K'ri-srong-lde-btsan 王（755-763）の代に属するものであるといわれる。尤も支那所伝の文献では夙にこの推定が下されていたことを附言する。

青木文教［著者］（あおき・ぶんきょう）

チベット研究者、僧侶。滋賀県安曇川町生まれ。仏教大学（現・龍谷大学）大学院在学中に大谷光瑞の秘書となり、仏教遺跡の研究に従事。大正元年（1912）より5年間チベットの首府ラサに滞在し、ダライ・ラマ13世と親交を持つ。1941年から終戦まで外務省調査部嘱託職員としてチベット問題研究に従事。戦後は東京大学講師などを務め、チベット語を教える。（1886-1956）

日高 彪［校訂者］（ひだか・たけし）

昭和44年5月28日、名古屋市に生まれる。文学・歴史研究家。東海中学・東海高校（浄土宗）に学ぶ。平成6年3月、早稲田大学第一文学部文学科日本文学専修卒業。出版社勤務を経て現在に至る。

近代《きんだい》チベット史叢書《しそうしょ》10

西蔵《チベット》文《ぶん》化《か》の新《しん》研《けん》究《きゅう》

平成27年5月20日初版第一刷発行

著　者：青《あお》木《き》 文教《ぶんきょう》
校　訂：口《ひ》高《だか》 彪《たけし》
発行者：中野 淳
発行所：株式会社 慧文社《けいぶんしゃ》
〒174-0063
東京都板橋区前野町4-49-3
〈TEL〉03-5392-6069
〈FAX〉03-5392-6078
E-mail:info@keibunsha.jp
http://www.keibunsha.jp/
印刷所：慧文社印刷部
製本所：東和製本株式会社
ISBN978-4-86330-053-8

落丁本・乱丁本はお取替えいたします。
本書は環境にやさしい大豆由来のSOYインクを使用しております。

近代チベット史叢書

近代チベットの歴史と往時の民族文化を記した貴重な史料・著作の数々!

1〜9巻絶賛発売中!

1　西蔵《チベット》問題―青木文教外交調書　青木文教・著　定価7000円＋税　外務省調査局／慧文社史料室・編

チベットに仏教学者として5年間の調査滞在を果たした、日本のチベット研究先駆者・青木文教(1886-1956)。戦時中、外務省嘱託として対チベット外交に携わった青木が記述した『極秘』の外務省史料を初公開!チベット政府代表団の秘密裡訪日など、知られざる歴史的秘話も明らかに!

2　西蔵の民族と文化　青木文教・著　定価5700円＋税

「チベットの聖徳太子」ソンツェンガムポ大王、土着信仰「ボン教」とチベット仏教との「神仏習合」、明治以来の日蔵交流等々、様々なテーマから古今のチベット史を詳述。戦前のチベット研究第一人者であり、日本人のチベット理解を訴え続けた青木文教の快著!

3　西蔵探検記　スウェン・ヘディン・著　高山洋吉・訳　定価7000円＋税

シルクロード探検記『さまよえる湖』で有名なスウェーデンの探検家スウェン・ヘディン(1865-1952)が、チベット遠征を敢行!　雄大な自然や地理学的発見、当時のチベット人習俗などを臨場感溢れる筆致で綴った一大探検記!

4　西蔵―過去と現在　チャールス・ベル・著　田中一呂・訳　定価7000円＋税

20世紀初頭、鎖国であったチベットに英領インド政府の代表として長期駐在し、時のダライラマ13世の篤い知遇を得た英国外交官チャールズ・A・ベル卿(1870-1945)が、当時のチベット政府の内情や国際情勢、そして英国との交渉等を克明に記述する!

5　西蔵―英帝国の侵略過程　F.ヤングハズバンド・著　村山公三・訳　定価7000円＋税

清朝の宗主権下、固く門戸を閉ざした秘境であったチベット。その眠りを覚ました、いわばチベットにおける「黒船来航」―1903年の英国軍チベット進駐を指揮したヤングハズバンド大佐(1863-1942)。英国のチベット進出の最前線に立った当事者による歴史的ルポルタージュ!

6　西康事情　楊仲華・著　村田孜郎・訳　定価7000円＋税

現在中国四川省の一部となっている東部チベット「カム地方」に、中華民国時代設けられていた「西康省」。その歴史や当時の文化・社会制度などを、中国人学者が詳細に調査した資料!

7　青海概説　東亜研究所・編　定価7000円＋税

古来、モンゴル・中国・シルクロードとチベット高原を結ぶ要所であった中国青海省(チベット・アムド地方)。戦中日本の研究機関が調査・編纂した、青海地誌の貴重史料!

8　補註西蔵通覧　山県初男・編著　定価8000円＋税

古今東西のチベット事情文献を参照しつつ、チベットの地勢・文化・歴史を細大漏らさず解説!陸軍の編纂による我国のチベット研究の嚆矢!

9　西蔵関係文集 明治期文献編　日高彪・編　定価7000円＋税

明治期に我が国で刊行された様々な分野の書籍から、チベットに関する記述を抜き出して翻刻。我が国チベット学の歩みを知る上で必携!

★以後続刊予定!　定期購読予約受付中!